# 銀行が喰いつくされた日

共同通信社社会部

JN285986

講談社+α文庫

# プロローグ

バブル経済が崩壊し、巨大な不良債権の山が金融機関の前に立ちはだかり始めた一九九三年十二月九日未明、一人の長銀マンが息を引き取った。当時、日本長期信用銀行（長銀）でこの処理の最前線にいた事業推進部部長の弥田《やだ》一人《かずと》。まだ働き盛りの四十七歳という若さだった。いつも帰宅するのは午前一時か二時。この前日、弥田は担保物件を見に鹿児島県に出張した。「疲れた」と漏《も》らし、死の当日も帰宅したのは午前二時近くだった。床について間もなく、苦しそうな様子を見せ、家族が異変に気付いた。救急車を呼び病院に運んだが、心臓発作でそのまま帰らぬ人となった。

「弥田さんは、早く何とかしなくちゃ長銀も先が見えてこないって言っていた。不良債権の処理に一生懸命だった」

弥田は九二年六月に設立された事業推進部に早い段階からかかわった。長銀危機の全容を知る数少ない行員の一人だった。精力的に動き回る姿を間近に見ていた同僚たちは彼の死を「戦死」と受け止めた。

東京都港区虎ノ門。官庁が立ち並ぶ霞が関から歩いて約十分のオフィス街に、十六階建ての近代的なビルが威容を見せる。このビルの売却に、弥田は心血をそそいだ。もともとビルは、バブル時代に高橋治則《たかはしはるのり》が率《ひき》いるリゾート開発会社「イ・アイ・イ・インターナショナル」（イ社）グループの本社になる予定だった。

イ社は日本国内でのゴルフ場開発のほか、ハワイ、グアム、オーストラリアなどで、巨大なリゾート開発計画を進め、一時は総資産一兆円ともいわれた。高橋自身も世界を自家用ジェット機で飛び回り、「環太平洋のリゾート王」と持ち上げられていた。長銀はピーク時、三千八百億円もの巨額資金をイ社につぎ込んだ。ビルにも土地買収費、建設費として、信託銀行など他の金融機関とともに四百億円を超える資金を投入していた。

返済されない資金の代わりに、弥田は担保物件だったビルの売却をドイツ銀行と交渉していた。

「九分九厘うまくいきそうだよ」

ある時、自信ありげに話す弥田に、のちに取締役になった箭内昇《やないのぼる》はニューヨーク時代の苦い経験を持ち出しながら忠告したことを記憶している。

「弥田さん、私もドイツ銀行に最後の最後ではしごを外されたことがあるんです。だから最後の一パーセントが問題です。日本の銀行とは違うから気を付けてください」

結局、交渉は箭内の言葉通り不首尾に終わった。ビルは長銀の不良債権圧縮のため、関連の不動産会社エル都市開発が引き取った。

「ドイツ銀行の本部からノーの返事がきた。あんたの予想が的中したな」

弥田は箭内に疲れた様子でつぶやいた。このビルの売却交渉が弥田が手がけた最後の大きな仕事になった。

身長一六四センチ、体重七四キロと小太りで、暴力団絡みの案件でも前面に立って対応するなど精力的に動き回った。この弥田に、死の半年ほど前から血圧が上昇し、のどの血管が浮き上がる異状が出始めていた。家でも思い悩んだような表情を見せるようになった。

「おれが死んだら、会社のせいだよ」

冗談とも弱音ともつかない言葉を妻に漏らしたりもした。家では死の一週間ぐらい前から特に疲れた様子を見せ、大好きだった休日の庭いじりも全くしなくなった。外で飲んでも、すぐ酔っぱらうことが多くなった。

「銀行は大きくなりすぎた。四畳半の部屋から体がはみだしちゃったんだ。不良債権の処理は銀行が必ず通らなければならない道、必ずやらなければならないんだ」

生前、親しい友人と酒を酌《く》み交わしながら、弥田は自らの役割を自分に言い聞かせるように話したことがあった。その思いを成し遂げることができなかった。

告別式は、自宅のある千葉県我孫子《あびこ》市の葬儀場でしめやかに行われた。弥田一家とも呼ばれるほど部下から慕《した》われた弥田との別れに約千二百人が参列し、JR我孫子駅から葬儀場に向かう道は黒装束《くろしょうぞく》の列ができた。当時の直属上司で、一時国有化される直前の頭取だった取締役の鈴木《すずき》恒男《つねお》ら役員も顔をそろえ、弥田の霊前に静かに手を合わせた。

「長銀の役割はもう終わった。何とかしなきゃだめだって、みんなに言っているんだけど、なかなか理解されない」

まだ元気だったころ、弥田は妻にそうつぶやくように話したことがあった。事業推進部に移ってからは「役員は銀行を私物化したり、何もしなかったりだ。経営陣がだらしないから、不良債権が増えていくんだ」と、知人に愚痴をこぼすこともあった。

処理しても処理しても降ってわいてくるような不良債権。その実態を知れば知るほど、明らかになってくるずさんな融資や経営陣の無策ぶり。体を気遣う妻に弥田はぽつりと漏らした。

「まさか、長銀がつぶれることはないと思うよ。でも、これから大変な時代になっていくよ」

長銀は弥田の死後も、不良債権を積み重ねていった。弥田の懸念が現実となるまで、時間はさほどかからなかった。

◎目次

## 第2章　崩壊

## 第3章　暗闇

## 第4章　立件

# 銀行が喰いつくされた日

# 第1章　迷走

## 企業にも寿命がある

「人間にも企業にも寿命がありますよ。でも、こんな形で終わったんじゃ、天寿を全うしたことにならないでしょうなあ。長銀は事業で利益が出ない分、株を売却して利益を出していたでしょう。こんなことをしていて、どうなるんだろうって心配はしていたんですが。皆さんにご迷惑をかけた。世間を騒がせたわけですから、OBとして謹慎しなくちゃっていう感じですよ」

東京都目黒区自由が丘の瀟洒《しょうしゃ》な建物が立ち並ぶ住宅街の一角にある自宅応接室で、岡本《おかもと》達三郎《たつさぶろう》は天井を見上げながら、一言一言かみしめるように話し始めた。一九九九年十月で九十五歳になった。足はやや不自由で「もう年を取って、ぼけましてと言う割に、言葉はしっかりしている。日本長期信用銀行は五二年、のちに首相となる蔵相の池田《いけだ》勇人《はやと》の肝いりで設立されたが、岡本はその時の発起人としては唯一の生存者で、初代の常務だった。

その年の七月、日銀仙台支店長から統計局長に就任して、まだ日が浅かった岡本は、日銀総裁だった一万田《いちまだ》尚登《ひさと》に総裁室に来るように言われた。六月十二日に「長期信用銀行法」が成立していた。戦後の復興期だったが、既存の銀行は資金不足の状態が続いていた。企業の設備投資資金などの需要をまかなうため、債券を売って長期の産業用の資金を調達する新たな専門銀行の設立が急がれている時だった。

「新しい銀行に行ってくれ。わしがお前の骨を拾ってやる。日銀から人を貸してやってもいいから」

日銀札幌支店長に新銀行行きを断られていた一万田は、困ったような表情で話を向けた。

「総裁がそうまでおっしゃるのなら、行かせてもらいます。人は一人か二人で結構です」

海の物とも山の物とも分からない新銀行だったが、岡本は即座に了承した。

一万田尚登

「一万田さんは骨を拾うって言ったけど、一万田さんのほうが早く死ぬのにと思いましたよ。でも、私は終戦直前の四五年八月十三日に、一万田さんが支店長だった名古屋支店の次長に赴《ふ》任《にん》したんです。住む所がなくて、一万田さんの所に居候《いそうろう》したんですよ。そういう一宿一飯《いっしゅくいっぱん》の恩義もありましたからね」

新銀行設立に際しては、名称をどうするかが話し合われた。戦後復興、産業育成を支《ささ》えていくという新銀行設立目的から「興産銀行」などの名称も提案された。当時の新聞は連日のように長期信用銀行法について取り上げていた。

「法律の名前が新聞に出て、それなら日本を付ければいいんじゃないのって、割とすんなり決まりました」

岡本は間もなく、日本興業銀行（二〇〇二年四月、第一勧業銀行、富士銀行と分割・統合し、みずほ銀行に）に元日銀副総裁で頭取の川北禎一《かわきたていいち》を訪ねた。興銀は戦前からの債券発行銀行で先輩格に当たる。川北は岡本が日銀札幌支店勤務時代の支店長で、古くからの付き合いでもあった。

「名前のことですが、法律が長期信用銀行法ですし、頭に日本を付けて日本長期信用銀行にしようと思います。それでご了解願いたいと思います」

岡本の要請に川北は「結構ですよ」とその場で承諾した。こうして新銀行の名称は決まった。政府のバックアップで設立され、長期資金の調達を担《にな》う長銀が将来的にどう出てくるか、普通銀行側に警戒感があった。

岡本は設立発起人会の席上、第一銀行（のちに、第一勧業銀行。二〇〇二年四月に富士銀行、日本興業銀行と分割・統合し、みずほ銀行に）頭取で全国銀行協会（全銀協）会長だった酒井《さかい》杏之助《きょうのすけ》からくぎを刺された。

「長銀さんは長期資金ですよ。短期資金は普通の銀行に任せなさい。あんまり、そういうほうには出てきなさんな」

長銀は五二年十二月一日、東京都千代田区の日銀九段分館で産声《うぶごえ》を上げた。行員は二百三十人。七、八割は戦前の債券発行銀行から普通銀行への転換を決めた日本勧業銀行（のちに、第一勧業銀行。二〇〇二年四月に富士銀行、日本興業銀行と分割・統合し、みずほ銀行に）からの移籍組だった。その中にはのちに「長銀のドン」といわれるようになる元会長の杉浦敏介《すぎうらびんすけ》らの姿もあった。建物は日銀から借り受けた。元図書館で天井が低く暗い。扇風機も数台しかなかった。夏はフロアの中央に氷柱を立て、冬はまきストーブで暖をとりながら接客した。それでも寒くて、外套《がいとう》を着て融資相談を受ける行員の姿も見られた。

岡本は日本生産性本部の視察団の一員として訪米し、バークレー銀行を視察した。窓口らしい窓口もない銀行に「これがロングタームのファイナンス（長期の金融）なのか」と実感した。

長銀は活況を呈した。戦争で壊滅した産業を復興するため、企業の資金需要はいくらでもあった。当時の融資担当者は都市銀行の担当者とのやりとりを記憶している。都銀側は、ずらりと企業名が並んだリストを示しながら「ここに長期資金を貸してほしい」と要請した。長銀側は「それならもっと金融債を買ってくださいよ」と応じた。

岡本は当時の状況を振り返る。

「今のソニーは三井銀行（二〇〇一年四月、三井住友銀行）からの紹介っていう形で来ました。三井銀行社長だった佐藤喜一郎《さとうきいちろう》さんからカネを少し……っていう話があって、貸したんですよ。確か一億円の申請を五千万円に削ったんです。ずいぶんあとになって、あの時、満額出しておけばよかったなあ、なんて話も行内でしたことがあります」

当時、資金が不足していた普通銀行は顧客から集めた預金で「ワリチョー」として知られる金融債を購入し、長銀は銀行などに金融債を売った資金で、鉄鋼や石炭、電力など基幹産業を中心に長期資金を融資した。普通銀行との共同作業で業績を伸ばしていった。

設立時に勧業銀行から長銀に移った元専務大山泰之《おおやまやすゆき》はこう話す。

「金融債は普通銀行のほか、大蔵省の資金運用部が買ってくれたし、融資も銀行が出してくれ、っていうところに出していればよかった。何も困ることはなかった。だから、不動産とか娯楽、例えば映画産業なんかは丙種《へいしゅ》産業とかいって、融資をしてはいけないって言われていたぐらいです」

貧弱な設備とは裏腹に、行内は「日本の発展を支えていくんだ」という雰囲気で活気に満ちていた。しかし、岡本ら当時の幹部の頭から「このままの長期金融でやっていけるのか」という懸念《けねん》が離れることはなかった。

「短期融資は普通銀行がやる。社会が高度化して証券市場が発達すれば、企業の資金調達方法は社債発行という方向で進んでいく。そうすれば金融債は売れなくなるし、長期資金の借り手もなくなるんじゃないか。もしかすると、長銀はそれまでの、つなぎの金融機関なのではないか。社債が出回って以降は、中小企業の育成ぐらいしか役割はないのではないかって、当時の役員らと話し合ったものでした」

長銀発足前、債券発行銀行でいくか、普通銀行に転換するかの選択を迫られた勧銀は、行内でシミュレーションを行っている。「普通の商業銀行としてならやっていけるが、債券発行銀行としては、大蔵省が金融債を引き受けてくれるとか、相当な援助がなければ難しいというのが結論だった」と勧銀OBは言う。

大山は当時の行内の様子を話す。

「経営上のリスクは大きかった。だから、給料は勧銀の時より一割高くなったんです。リスクはあるけど、面白い仕事だから頑張ろうという雰囲気だった」

表向きは活況を呈していたが、岡本らの予想通り、設立後十数年たった六五年前後に早くも「長銀不要論」が出始めることになった。

## 狂乱の幕開け

それから二十年。バブルが高揚を見せ始めていた八六年から翌年にかけて、経営方針を話し合う企画委員会や役員会の席で融資畑出身の常務が大声を張り上げる姿が何度も目撃された。

「ほかは地上げ屋にどんどんカネを出している。お前ら知らないのか」

「興銀だってやっている。なんで長銀はやっていないんだ。何をぼやぼやしているんだ。出遅れているんだぞ」

八五年九月二十二日、ニューヨークのプラザホテルで先進五ヵ国蔵相・中央銀行総裁会議（G5）が開かれた。出席した各国の経済首脳の議論は、ドル高是正のため協調介入に乗り出すことで意見が一致した。「プラザ合意」と呼ばれるこの合意後、日本、米国、西ドイツなどの通貨当局が実施した協調介入は大きな効果を挙げ、一ドル二四〇円台だった円相場は二年後には一五〇円台の円高に突入した。

そのスピードの速さに日本では円高不況を危惧《きぐ》する声が高まり、日銀は八六年一月から翌八七年二月にかけて五回もの公定歩合引き下げを繰り返す超金融緩和政策をとった。だぶついたカネは一斉に株と土地に向かう。バブルの引き金だった。「土地本位制」とまでいわれた狂乱時代の幕が開けた。

元常務が大声を張り上げていたのは、ちょうどこの時期のことだった。既に都市銀行を中心とした大手銀行は不動産融資を大展開し始めていたが、長銀はこの波に乗り遅れていた。証券業務に傾斜した投資銀行への道を模索していたからだった。

プラザ合意からさかのぼること一年。経営方針や大蔵省との折衝などを一手に担当する長銀の中枢部門・企画部で数人の特別チームが激論を交わしていた。責任者は行内でも「改革派」で通っていた取締役企画部長でのちに副頭取となる水上萬里夫《みずかみまりお》。五年ごとに改訂されてきた「長期経営計画」の第五次策定作業だった。水上が話す。

「金融の自由化が進む中、制度で守られていた長期信用銀行は危機感が強かった。その中で五次計画というのは、どこへの転換を図るべきかということが課題だった」

担当者らは米国などに何度も出張し、既に経営転換に成功していた現地の銀行を視察するなど精力的に計画の策定作業を進めた。

「自由市場への挑戦」と題された第五次長期経営計画（五次長計）は八五年に発表された。新計画で水上らが打ち出したのは人員の大幅削減と旧来型融資業務からの脱皮だった。長銀破綻《はたん》後の九八年十二月、金融再生委員会に提出された報告書は五次長計をこう評価する。

「五次長計では規模の拡大が利益の拡大に結びつかないとの哲学の下、（略）制度金融から市場金融への脱却を図り、投資銀行業務への転換を、スリム化した組織と人員で達成していくというビジョンが示された」

新計画は行内に大きな波紋を投げかけた。

「衝撃的だった。反発もあったけど、納得したよ」と、当時、人事部にいた元取締役の箭内昇は話す。

元専務で長銀総合研究所理事長だった竹内宏《たけうちひろし》が言う。

「銀行が証券会社化することを投資銀行というんです。五次長計は国内部門を減らして海外部門を拡大しながら本格的な証券会社化を図ろうとしていた。もちろん内部には反対がありましたよ。でも、決意を固めたんです」

証券市場の高度化に伴い、岡本らが設立時から危惧していた「長期信用銀行の役割終焉《しゅうえん》論」が現実味を帯びる中、経営方針の変革は必然でもあった。

しかし、理想はバブルの大波にのみ込まれる。当時の行内主流派はのちに会長となる増沢高雄《ますざわたかお》を筆頭とする融資重視の伝統的銀行派だった。水上は続ける。

「他行は猛然と不動産融資に突っ走っていた。そのうち下位だと思っていた信託銀行にも資金量で次々と追い越された。三菱信託、住友信託……。そうすると相対的に銀行界での長銀の地位が下がってしまう。融資部門の人たちを中心として行内には、出遅れた、という焦りが蔓延《まんえん》していた」

水上は五次長計が実施に移された直後、企画担当の役員から外される。箭内が解説する。

「水上さんを人事で外そうという動きもあったけど、ほとんどの人が水上は企画に残ってやっていくんだろうと思っていた。とにかく突然で驚いた。五次長計を否定したい勢力がバックにいたんだろう」

主流派は間もなく、のちに頭取となる大野《おおの》木《ぎ》克信《かつのぶ》を企画部長に据え、新たな長期経営計画の策定と方針の再転換に取り掛かる。

その第一弾が大幅な組織改革だった。営業部門の元部長が「無謀な融資にブレーキをかけるはずの審査部無用論まで出た」と言う雰囲気の中、長銀は、八九年、独立していた審査部門を融資部門に組み込む組織改革を断行する。

「組織改革は外資系コンサルタント会社を入れたんですが、大グループ制を取り入れて担当常務に権限を委譲し、審査部門を大きく弱体化させてしまった。結局、現場がどんどん突っ走ってチェック機能がほとんど利《き》かない体制になってしまった」と元常務の一人は振り返る。

さらにその年、中小企業に重点を置いて拡大路線を歩む第六次長期経営計画（六次長計）を策定した。

前出の元常務が証言する。

「企画部長が大野木克信。企画室長がのちの頭取の鈴木恒男。頭取の堀江《ほりえ》鉄弥《てつや》、大野木、鈴木のラインでつくった長計だった」

「世界のトップクオリティーバンクを目指して」と名付けられた六次長計は、本来、九〇年から導入される予定だった。それが一年前倒しして八九年から実施され、不動産融資への急傾斜に拍車をかけた。

五次計画を策定した当の水上は経営計画の変遷《へんせん》をこう語る。

「六次長計も基本的に五次長計を否定したわけではなかった。あくまでも五次長計はやろうと言っていた。五次長計は少数でやる、量を競《きそ》うんじゃないというのを強く打ち出したが、不幸だったのはスタートしたのが八五年だったこと。まさにプラザ合意の年で、そこからバブルが高まりを見せ、まだ融資ができるんじゃないかとね。六次は五次と根本的に違う考え方だったわけではなく、両方の考え方を入れた妥協の産物だった」

元専務の竹内の見方は微妙に異なる。

大野木克信

「出遅れて、大変だ、それ行け、っていうんでドンドン不動産融資につぎ込んだ。それで収益が上がったから、改革派の多くも国内で稼いで基盤にしようという雰囲気になってしまった。それで一直線に進んでしまった」

前述の金融再生委員会あて報告書で、六次長計はこう総括されている。

「中堅・中小企業に力点を置いた新規取引開拓や量的拡大への取り組みが強力に推進された。（略）折しもバブル経済の拡大期であり、不動産や株価の右肩上がり神話が堅く信じられていた時代背景もあり、不動産関連融資は、貸出規模拡大競争の格好のターゲットになっていた」

新たに導入された大グループ制による組織改革はこれに輪をかけた。同じ報告書は記述する。

「六次長計と一体不可分の業務運営体制が大グループ制による営業体制だった。（略）それぞれのグループに審査部門を内包して営業推進を図るものだった。（略）さらに顧客に対するクイックレスポンスを強化し、営業機会を最大限にとらえるという観点から、部店担当役員に与信（貸し出し）権限を与えたため、これが結果的に特定先に対する与信が急増する素地にもなった」

遅れて参戦したはずの狂乱融資。だが、理想を置き捨てて走りだした不動産融資へのギアはトップに入り、二度と引き返すことのできない深みにはまっていく。

審査部門が長かった元常務、伊沢《いざわ》勉《つとむ》が悔しそうに振り返る。

「昔は審査の長銀って言われて、うちの融資を受けることが信用になるなんてほめられた。長銀の融資は会社にハクを付けることにもなっていて、長銀が貸すと地方銀行なんかもすぐに貸すなんていう権威があったんですけどね」

系列ノンバンク役員を最後に長銀を退職した別のOBは言う。

「審査部門があるとなかなか融資可否の結論が出ない。工場まで出かけていって長所や短所を調べ上げるからね。都市銀行の融資先は預金の得意先でもある場合が多いけど、長銀の場合は利害がないから、だめなものはだめってはっきり言う銀行だったんだが……」

このOBが今でも鮮明に覚えている情景がある。長銀が暴走を繰り広げ始めたある日の夜、後輩との酒席での出来事だった。酒が入ったOBは後輩を前に、かねてから抱いていた不安を口にした。

「おい、ろくに審査もしないで、あんなに貸し込んで大丈夫なのか」

後輩は事もなげに答えた。

「先輩、あなた、古いですよ。そんなことを言っていたら今は全然だめなんです。融資してくれという話があって、でも審査があるので結論は半年後になんて言っていたら、お客が逃げてしまうんです」

## バブル崩壊

目の前に南国特有のコバルトブルーの大海原が広がる。夏にはバカンスを楽しむ日本からの若者らでにぎわうハワイ島西岸のリゾート地コナ・コースト。その北部に、一部溶岩が漏出し、未開発のままになっている広大な土地がある。この約九百万平方メートルの土地は、高橋治則率いるイ・アイ・イ・インターナショナル（イ社）の手で、一大リゾート地に生まれ変わるはずだった。

その計画はイ社内部ではフェフエ・ランチプロジェクトと呼ばれた。パブリックコース分を含めれば四十五ホールのゴルフ場やリージェントホテル、それに専用のビーチ、千五百戸にも及ぶ別荘や住宅など、総開発費は一千億円にも及ぶ巨大プロジェクトだった。

「別荘ができたら、ぜひ買いたいな」

長銀の役員やイ社の主力行だった信託銀行の幹部は、計画の青写真を前に漏らした。長銀を中心にシンジケート団を組み、高橋に融資を申し入れた。

「一千億円以上貸しますよ」

しかし、計画は頓挫《とんざ》した。八九年に二百億円近くをかけて開発用地を買収、パブリックコースのゴルフ場が完成しただけで終わる。

長銀破綻の象徴ともいわれたイ社との出会いは八五年にさかのぼる。

「お前も新しい部署に行って苦労しているだろう。大学の同期にイ・アイ・イっていう会社の社長がいる。一度会ってみてはどうか」

のちに長銀内部で、イ社への巨額の泥沼融資に引き込んでいった張本人、と批判を受けることになる東京支店の営業四部長、沢健二（仮名）は、大学の先輩でもあった上司に勧められた。このイ・アイ・イという会社は、イ・アイ・イ・グループの一社で、コンピューター関連機器の販売をしていた。沢は銀座のイ・アイ・イを訪ねた。

「社長と副社長に会ったんですが、当時、イ・アイ・イはキャドテックという会社を立ち上げて、そこで設計ソフトの販売をやろうと計画していた。それで、短期資金として一億円の借り入れ申し込みがあったんです。短期の運転資金なんて基本的には無担保でしょう。うちの基準からすると、バーの高い融資だったんで、審査部とはずいぶんやり合いました」

審査部も二ヵ月ぐらい調べて、ようやく融資が決まった。間もなく沢はイ・アイ・イの副社長から言われる。

「ここのオーナーは高橋という男だ。まだ若いが、資金のことも全部やっている。一度、会ってみないか」

当時、長銀はミドルマーケット、つまり融資先として優良な中小企業開拓を進めていた。その中心となっていたのが営業四部で、独自に作成した優良中小企業リストや本店からの情報をもとに新規の融資先を探していた。高橋は、当時、四十歳。環太平洋地域のリゾート開発に乗り出そうとしていた。

沢は、高橋からオーストラリアやグアム、サイパン、ハワイなど、各地で計画している巨大プロジェクトを聞かされた。

「ほとんどが海外の案件でしょう。われわれが窓口になったんですが、当時、行内でもイ・アイ・イ・グループにどういうスタンスで臨《のぞ》むかを話し合いましたよ。だって、イ・アイ・イ・インターナショナルって知られていないし、リスクは高い。それで、一件一件のプロジェクトの実現見込みや収益性、担保価値を調べて融資するプロジェクトファイナンスで、ということになったんです。もともと油田開発なんかで、この方法は使っていたし、ノウハウの蓄積もあったから」

そして、イ社が計画したサイパンのハイアットホテル建設に七百五十万ドルの融資が実行された。以後、長銀はイ社への融資にのめり込んでいく。

「これで興銀に一矢《いっし》報いることができる」

バブルに乗り遅れていた長銀幹部はのちにこう話した。遅れを取り戻す、挽回《ばんかい》のチャンスとも受け止められた。

沢は高橋らと連れだって、海外のあちこちの物件の現地視察に飛び回った。

「これが今をときめく四部長か。えらい勢いだな」

ニューヨークを訪れた沢と会った支店行員の一人は感心した。行内には沢を役員にとの声も出ていた。

「お前は仕事をやる気がないんだろう。熱意が全く見られない。社員失格だ。不可能を可能にするのが銀行員の仕事だろう」

本店の担当者は、イ社がパリで計画したホテル用地取得費用の融資を認めさせようと、受話器の向こうで沢が叫ぶのを聞いた。しかし、用地はでこぼこに入り組んで、ホテル建設の実現性はないような土地だった。結局、融資は認められなかった。

沢をよく知る関係者は証言する。

「バブルの前、大阪支店にいたころは部下の信頼もあった。それが不動産ブームに乗って、急に元気になりだした。話を聞いていると、不動産をやらないやつはばかだっていう感じすらしてくる。おかしくなってしまった」

イ社の海外事業は、年を追って加速、金額も膨《ふく》らんだ。長銀自体も融資対象を急速に不動産業やサービス業に傾斜させていった。八四年度は八千八十七億円だった不動産融資が、八五年度は一兆百九十六億円、八九年度は一兆七千七百五十五億円に拡大した。サービス業へも八四年度の一兆一千二百六十一億円が八九年度には三兆百五十二億円になった。それに歩調を合わせるように、有価証券や不動産の担保割合が増えていく。

高橋はまだ専務だった堀江鉄弥、頭取の酒井守《さかいまもる》、会長の杉浦敏介ら最高幹部とも次々と面会した。堀江は高橋とテーブルを囲んだりもした。

沢は続ける。

「経営陣が一緒に食事をすること自体、フレンドリー（親しい）な関係でいきましょう、という意味だった」

長銀は本店の法人営業一部長だった平間敏行《ひらまとしゆき》を専務としてイ社に送り込んだ。巨額融資の債権管理というよりも、再就職先としてだった。長銀が「面倒を見てほしい」と頼み込み、イ社側が受け入れた。

「平間はかなりの高給取りでしたよ。専用車もあったしね。高橋の自家用ジェット機で世界各地を飛び歩いた」とイ社元役員は話す。

平間はイ社の役員らと、長銀など銀行が貸さないような資金の借り入れのためノンバンクを回った。そこでイ社役員は「この人は長銀から来た専務です」などと紹介した。ノンバンク側は「長銀から専務が来ているような会社なら」と応じることもあった。

「結果的に長銀のおかげでわれわれの信用も増した」

長銀とイ社は、まさに蜜月《みつげつ》時代だった。

しかし、行内にはイ社へののめり込みを危《あや》ぶむ声もあった。東京都内のホテルのバーで、イ社案件の引き継ぎを受けた東京支店長、今井《いまい》該吉《がいきち》はグラスを傾けながら、事業を急速に拡大させている高橋に、諭《さと》すように話した。

「あんたはまだ若い。まだ先があるんだ。人生は長いんだから、そんなに焦《あせ》らないほうがいい」

高橋はつぶやくように応じた。「おっしゃる通りです。肝に銘じておきます」

「一社だけ突出してはまずいと思った。どこかでブレーキをかけなきゃいけなかったんだけど、高橋さんはプロジェクトを全部自分で決めてきちゃうから。そういう意味では、メーンバンクでありながら、長銀は力がなかった」

そうした今井ら一部の懸念は、全体の声にならなかった。九〇年初め、それまで高騰を続けていた株価が下がり始める。景気過熱の裏でバブル崩壊が静かに始まっていた。

## 膨らむ不良債権

一九九〇年十一月七日、東京都千代田区平河町のイ社本社で、平間は役員の一人を部屋に呼んだ。

「実は……」

一瞬、間を置いて続けた。

「先月末、資金ショートを起こしてしまった」

役員は驚きの表情を浮かべた。

「まさか、そんなことがあるはずがない」

長銀は八九年後半ごろからイ社を指導、手を広げすぎた事業の絞り込みを始めていた。

パークハイアットホテルの株式放出を進め、環太平洋リゾート構想の柱だったサザンパシフィッククラブの会員権販売による資金回収では、顧客を紹介したりもした。それでもイ社は、当時、リージェント・ミラノホテルの買収、前述のハワイ島でのフェフェ・ランチプロジェクトをはじめ、プーケット、タヒチ、ハワイなどで、二十近い巨大プロジェクトを進めていた。

この年三月、狂乱ともいえるほど高騰した地価抑制策の一つとして、大蔵省は銀行局長名の通達を出していた。

「政府関連機関や地方公社、第三セクターによる都市開発事業など公的部門を除く不動産業向け融資は、総貸出枠の伸び率の範囲内に抑える。不動産業、建設業、ノンバンクの三業種への融資状況については四半期ごとに報告することとする」

総量規制と呼ばれた通達の柱はこんな内容だった。この通達を機に、銀行の融資が先細りし始めていたことには役員も気付いていた。資金ショートが起きればプロジェクトは止まり、イ社自体の経営を揺るがすことにもなる。

長銀は間もなく、イ社の財務、事業内容など、支援に向けた極秘の調査に入った。のちに副頭取になる業務推進部長、鈴木《すずき》克治《よしはる》はイ社役員に告げた。

「必ず支援はする。だから、一連の動きを、社内や取引先の他の金融機関にも悟られないようにしてほしい。家族にも知られないように、電話にも注意してほしい」

十二月七日、長銀はイ社を再建に向けて支援することを決定、同時に五十億円を緊急融資した。十日後、長銀専務の亀田浩《かめだひろし》の名で高橋あてに文書が出された。

「イ社に一千億円以上の資金不足があり、このまま放置すれば、影響が大きいことを考慮して、資金支援を機関決定した。支援にあたっては、日本債券信用銀行のほか、三井信託、三菱信託、住友信託の主力五行の協力態勢を確立し、実質的な経営トップと海外や財務の専門家を派遣することとする。高橋社長一族のグループ会社が所有する株を担保として差し入れること」

イ社を長銀を中心とする銀行団の管理下に置くという内容だった。高橋は要請に基づいて「言う通りにします」との趣旨の誓約書を出した。飛ぶ鳥を落とす勢いだった高橋は、社長としての実権を失うことになる。

同じころ、イ社役員は平間から告げられた。

「緊急支援ののちに本格的な支援に入る。今後は高橋さんの言うことは聞かなくてもよい。これからは銀行の指示に従うように」

翌九一年一月、長銀は自ら「駐留軍」と呼ぶ顧問団を派遣した。消費者金融ライフの再建チームの中心となった一人で、企業再建に実績のある田中重彦《たなかしげひこ》が取締役福岡支店長から派遣され、副社長に就任した。最大時、顧問団は二十人に膨らんだ。

イ社元役員は「田中さんが来てから、締め付けが厳しくなった。主要ポストはどんどん長銀サイドに握られていった。田中さんも、高橋社長の言うことは聞くなってわれわれに厳しく命令した。なすすべがなかった」と話す。

別のイ社元幹部は、顧問団に隅に追いやられたことを記憶している。

「われわれがすべてやりますよ。あなた方は向こうに行っててください」

長銀は事業を「継続」と「整理」に分け、整理部門の売却を進めた。

二信組事件で東京地裁に入る高橋治則（99年6月）

香港の高層オフィスビル「ポンドセンター」の売却では、価格の安さに、高橋が珍しく顧問団に抵抗した。しかし、数分後「分かりました」と引き下がり、それ以上のもめごとにはならなかった。五百億円以上を投資したロンドン金融街にある近代的オフィスビル「ブリタニックハウス」は七十億円程度で売却。「日本の不動産業者がたたき売った」と現地の不動産業者の間で評判になった。

九〇年初めごろ、イ社問題担当の業務推進部長の鈴木克治は知人と会食していた。話は、当時、高橋が理事長を務め、のちに二信組事件と呼ばれる背任事件の舞台になった東京協和信用組合（のちに、他信組や他銀行とともに整理回収銀行に改組）のことに及んだ。当時、東京協和信組はイ社の資金繰り悪化と歩調を合わせるように、経営の悪化が指摘されていた。

「協和は大丈夫ですか」

心配した様子の知人に、鈴木はあぐらをかいて言い放った。

「こうなったら、（高橋）治則と毒皿（毒を食らわば皿まで）だ」

九二年からは、さらに厳しい第二次リストラ策を実施する。しかし、他の主力行は次々と手を引く。メーンバンクだった長銀は、その肩代わりを迫られ、イ社への融資残高も三千八百億円に膨らんだ。

「継続の案件を完成させるため、長銀はカネをどんどん出した。借りたのはイ・アイ・イだけど、実際の借り入れ業務をしていたのは顧問団だ。融資をする、融資を受けるという両方を長銀が仕切った結果、借り入れが膨らんだ。会社の実印も管理され、社長の高橋には決裁権限なんかなかった」

こう言うイ社元幹部は、当時、顧問団の一人が漏らすのを聞いた。

「もう一回小さなバブルは必ず起きる。だから、抜本的な処理は先送りすればいい」

ところが、地価や株価は下がり続ける。九三年七月末。株主総会が終わってまだ間もないころ、長銀は高橋を呼び、イ社からの撤退を、突然、宣言する。以後、長銀が高橋と接触することはなかった。イ社元役員は「いい時には積極的にかかわりながら、結局、長銀は何の解決策も出さなかった。やったのは処理の先送りだけだった」と批判した。

この時、長銀内部ではイ社問題ばかりでなく、日本リースなど関連会社を含めて雪だるま式に膨らんだ不良債権の問題が、次第に深刻さを増していた。

## 野放図な融資

九二年六月、東京・芝大門にある長銀の系列ノンバンク日本ランディック本社の応接室で、常務の川村一雄《かわむらかずお》が各部門の担当部長からのヒアリングを続けていた。川村は長銀出身で、このポストに就《つ》いたばかり。経営実態を把握するのが目的だった。報告を聞くうちに、想像以上に経営が悪化していることが次第に明らかになってくる。

ヒアリングを始めて約一ヵ月。梅雨が明けずにクーラーが効いたビルの中まで蒸し暑さが忍び込んでくるような七月のある日、応接室で川村は融資担当の部長と向かい合って座っていた。

「不良債権はどのくらいあるんだ」

部長は少し間を置き、表情を変えずに淡々と答えた。

「だいたい八割です」

川村は聞き間違えたかと思い、相手の顔を見返した。

川村自身、六〇年代に長銀で融資担当だった経験がある。不良債権が全体の一パーセントでも問題になった時代だった。ランディックの融資残高は約三千億円。その八割とすればざっと二千四百億円にもなってしまう。

「そんなばかな」

あらためて「正常債権が八割ということなんだな」と聞き返した。

「いえ、不良債権が八割なんです」

今度は部長が困った顔をした。

川村は「えっ」と言ったきり言葉を失った。

不動産市況が急速に冷え込んだ九〇年後半ごろから、既にノンバンクの業績悪化が顕在化し始めていた。不動産会社の業績がまず悪化して金利の入りが滞《とどこお》るようになり、資金調達先の銀行などへの金利払いがかさんで赤字決算になるノンバンクが続出した。ランディックは新橋や赤坂など、都内の繁華街近くのビルを比較的多く所有していたため収入もあり、何とかしのげていた。それでも九二年に入ると融資先の金利払いが滞るようになっていった。

川村は言う。

「ノンバンクは銀行から資金を調達してそれを不動産会社などに貸し付け、金利の利ざやで商売しているんですが、その利ざやというのは扱う資金量のせいぜい一パーセントなんですね。だから、不良債権が二割を超えちゃったらもう収支は赤字になってしまうんですよ」

ましてランディックは八割というのだから、絶望的な数字だった。九二年以降の収支は川村によると「なんだかんだでざっと年間百億円近い赤字を出していた」という。

財務内容を表面上良く見せないと、資金調達に支障を来す恐れがある。当時、ランディックは、長銀本体からの借り入れは一割強にすぎず、残りは都銀や地銀、第二地銀といったところから資金調達していた。財務内容の悪化が明らかになり、資金繰りに支障が出るのを避けるため、関連会社のエル都市開発にイ・アイ・イ・グループ向けの融資を肩代わりさせるなどして、不良債権を見かけ上少なくする操作を行うようになっていった。

危機感を抱いた川村は、後輩でもある長銀の営業企画担当取締役の千葉務《ちばつとむ》を役員応接室に訪ねた。

「ランディックは、今、大変な状態にある」

川村の言葉にも千葉はあまり関心がないといった様子で、渋い表情をしていた。一通り川村の話を聞いたあと、一言ぽつりと「今は系列ノンバンクまではちょっと」と言葉を濁《にご》した。

この当時、長銀はイ・アイ・イ・グループへの巨額融資問題が急浮上しており、千葉らは本体が抱える不良債権の総額がつかみきれずに、その実態把握に躍起《やっき》となっていた。時折漏らす千葉の言葉から、川村は「これは相当苦しんでいるな」と感じた。

「先送りもやむを得ないのか」

川村はむなしい思いで応接室をあとにした。

静岡県伊豆半島の温泉地として知られる伊東市から南へ向かって山道を登っていくと、突然、視界が開け、すり鉢型の休火山、大室山《おおむろやま》が姿を現す。草原が続く山麓《さんろく》の別荘地をそのまま進んだところが伊豆シャボテン公園だ。約二十万平方メートルの敷地には世界各地のサボテンを集めた温室が散らばる。池にはペリカンやクジャクなどが放し飼いにされ、遠足の子どもたちや観光客がひっきりなしに訪れている。所有しているのはイ・アイ・イ・グループが筆頭株主の伊豆センチュリーパークだ。

付近には、パターゴルフやゴーカート場などスポーツ施設をそろえた伊豆ぐらんぱる公園や、切り立った崖《がけ》が海に落ち込む東伊豆の名勝、城ケ崎《じょうがさき》海岸を中心とした伊豆海洋公園など、グループ所有のレジャー公園が点在する。

三つの公園を合わせた総面積は東京ドーム十個分より広い約五十万平方メートル。長銀はこの土地と施設を担保に、伊豆センチュリーパークに四十五億円を貸し付けていた。しかし、融資は長銀本体にとどまらず、系列ノンバンクも巻き込んだ膨大なものになっていた。その実態を長銀はバブル崩壊後に初めて知ることになる。

九〇年十二月、長銀はそれまで八部制だった営業部を改編する。イ社に対する巨額の不良債権を管理、回収するため、新たに営業九部を新設した。不良債権の実態把握のため、毎日、夜遅くまで資料と首っ引きとなる社員の姿が目についた。

そんなある日、伊豆シャボテン公園の土地登記簿に目を通していた営業九部長の森岡義《もりおかよし》久《ひさ》は「どうなっているんだ」と目を疑った。そこには、長銀本体のほか、系列ノンバンクが競うように資金をつぎ込んでいる実態が如実に示されていた。

まず長銀が八八年一月に二十五億円の抵当権を設定する。その年の九月には日本リースが五十億円、翌八九年六月には長銀が出資している第一住宅金融が百億円、七月に日本ランディックが百億円、九二年三月に再び長銀本体が二十億円と、次々と抵当権が設定されていた。その総額は実に三百億円近くに達した。

「シャボテン公園友の会じゃあるまいし。これじゃ、本体が融資を抑えていた意味がないじゃないか」

森岡は吐き捨てるように言った。

一体何に使ったのか。当時かかわった長銀関係者は「確か土地の購入費用だったと思う。だが、それだけに三百億円もかかるわけがない。系列ノンバンクの融資分はおそらくイ社グループの資金繰りに流れたのではないか」と指摘する。

イ社の関係者は告白する。

「資金は設備投資ではなく、グループの運転資金などに使われた。まだ膨大な額が返済されていないと考えてもらっていい」

なぜここまで返済見込みのない融資が行われてしまったのか。森岡自身、バブル期には中小企業に対する融資の妥当性を審査する部門で部長をしていた。

「長銀本体がイ社のグループ企業にどれだけ貸すのかというのは、目を皿のようにして審査した」と力を込める。

ところが、系列ノンバンクは別のグループが担当していた。バブル期、長銀は融資部門を二つに分けた。信用のある大企業や系列ノンバンクを担当する部門を営業グループ、イ社など中小企業担当を業務グループとし、審査部門も分割してグループの中に組み込んでしまった。

川村は証言する。

「融資優先の方針に従って審査機能は、事実上、まひした。グループ間の情報も遮断《しゃだん》され、一ヵ所に長銀グループ全体で一体いくら貸しているのか、だれも把握できなくなってしまった」

長銀発足直後の五三年入社の一期生が社長に就任していたノンバンクも多く、チェックが甘くなったことも否《いな》めなかった。

「先輩が歴代の社長を務め、そんなばかなことはしないだろうという認識だった」と森岡は言う。

ノンバンク側の審査も、ほとんど機能していないのが実情だった。ランディックの元監査役が明かす。

「長銀が融資しているというのはお墨付きと受け取っていた。そういうところはあえて審査しなくてもいいというムードが社内にあった」

互いに競争意識をむき出しにして実績を伸ばそうとしていたことも、野放図な融資に拍車をかけた。

当時、本店や新宿などの大きな支店にはノンバンクの融資担当者が日参した。「融資先を紹介してもらうのが目的だった」と元副頭取の水上萬里夫が言うように、担当者は長銀本体の融資枠が既に超えてしまった企業を紹介され、競うように拡大に走っていった。

こうして積み上がった不良債権は、系列ノンバンクの「御三家」と呼ばれた日本リース、日本ランディック、エヌイーディーの三社だけで、九七年ごろまでに約一兆二千億円に達した。それが本体の経営を揺るがすのに、さほど時間はかからなかった。

御三家は、いずれも本業がありながら不動産に貸し込んでいった長銀の別動隊だった。

日本リースは、六三年、産業機械や自動車を中心とした日本初の総合リース会社として設立された。リコー、長銀などが出資者に名を連ねた。石油ショックで業績不振となり、七四年に長銀出身者が社長に就任。これ以降、歴代社長はすべて長銀出身者が占めた。部長以上の幹部も出向者が大半となり、事実上、長銀の系列となる。

オリックスに次ぐリース業界第二位の大手にのし上がった日本リースが不動産融資に傾斜していったのは、長銀元池袋支店長の故佐々木《ささき》実《みのる》が社長に就任した八六年ごろからと言われる。長銀の融資枠をこなすため、中小のデベロッパーやリゾート開発会社などに巨額の融資を続け、八五年から九〇年ごろにかけては年間平均二千三百億円を超す勢いで不動産担保融資などを増やした。

同社が会社更生法の適用を東京地裁に申請したのは九八年の九月。申請前の九八年三月末現在の資本金は約二百二億円、従業員数は約千百三十人、貸出残高は約九千八百三十四

長銀破綻の構図

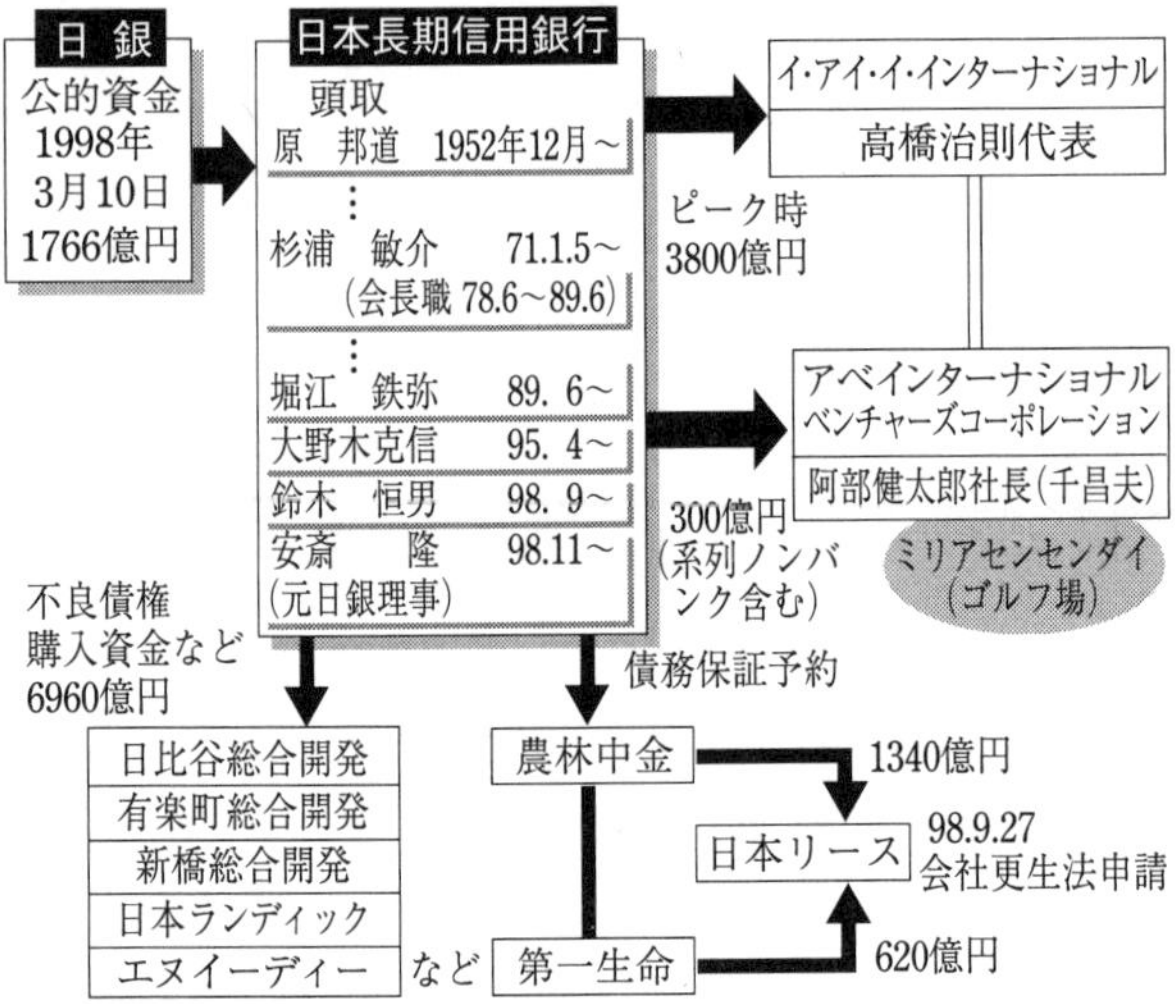


億五千六百万円。申請時の負債総額は約二兆一千八百億円に上り、「戦後最大の倒産」という不名誉な記録を残すことになった。

日本ランディックも事情は同じだった。ビル賃貸やマンション分譲を目的とする不動産開発会社として設立されたのは第一次石油危機さなかの七四年。かつては都内を中心として四十数カ所に賃貸ビルを所有したほか、マンション分野でも年間平均五百戸を分譲する実績を持っていた。

ランディックの元監査役が厳しい口調で話す。

「本業の不動産開発に一貫性がなかっ

た。その代わりに手を染めたのがバブル期の安易な不動産融資だった」

本業を忘れたということであれば、エヌイーディーはさらに甚《はなは》だしかった。そもそも将来性ある新興企業を支援する日本初のベンチャーキャピタルとして、七二年、長銀のほか伊藤忠商事、大和証券や都銀などそうそうたる企業が出資者となって設立された。

エヌイーディーの立ち上げに長銀内部でかかわった元常務の伊沢勉が当時を振り返る。

「時代を先取りした画期的な会社だった。でも、なかなか芽が出なかった。ずっと無配でね。出資してくれた伊藤忠なんかに無配のおわびに行ったのを覚えていますよ。そんな中で融資に手を出していった。もちろん、融資は将来性のある企業を育てるっていうことにもつながるんですが、結局は……」

ベンチャー企業の将来性を見据え、資金面で支えるという理想。だが、巨額の資金は企業や、その将来性ではなく不動産に流れ込む。

「それなりの採算をとるためには仕方がないという気持ちもあったと思う。でも、最終的には簡単に収益が上がり、うまみのある不動産融資にのめり込んでしまったんでしょうね」と別の元常務は唇をかんだ。

長銀最初の危機は、長銀本体が融資できない不良案件を回されていた上に体力の弱い系列ノンバンクから噴き出した。九〇年末から九一年初旬にかけて、系列の長銀インターナショナルリースの経営状況が深刻化する。

同社の経営悪化の引き金を引いたのは、融資先の相次ぐ破綻だった。医薬品メーカーの子会社で、九一年二月に九百九十三億円の負債を抱えて倒産した有豊化成、九一年四月に二千五百億円の負債を抱えて倒産した静信リース。いずれも過剰な不動産投資に走った末の破綻だった。長銀インターナショナルリースは両社に多額の資金をそそぎ込んでいた。融資はほとんどが焦げ付き、経営は一気に悪化する。

爆弾は長銀インターナショナルリースだけではなかった。水面下で経営が悪化していた関連会社が抱える不良債権対策の必要性を感じた頭取堀江鉄弥ら経営首脳は、九一年六月、とりあえず長銀インターナショナルリースの支援強化策を決定し、不良債権を意味する不稼働資産対策プロジェクトチームを発足させた。だが、現実には頭取の堀江でさえ、系列会社の抱えている不良債権の実態が把握できていなかった。

「とにかく調べてみろ。それが先決だ」

担当者として堀江が選んだのは、イ社対策に登場した鈴木克治だった。業務推進部長としてバブル融資を進めた鈴木は、この時、融資や回収など営業全般を統括する営業企画部長の座にあった。鈴木の下には直ちに「チームN」と呼ばれるプロジェクトチームが置かれた。Nはノンバンクを意味していた。早速、鈴木はノンバンクや不動産会社など総計で十三グループにも及ぶ企業の抱える不良資産洗い出し作業に着手した。急ピッチで行われた調査結果は九一年末に堀江ら首脳陣に報告される。

「長銀と関連親密先を合わせた不良債権額は約二兆五千億円に上っています」

驚くべき金額だった。堀江は決断を迫られた。処理するのか、先送りするのか。

「凍結しましょう」

鈴木らの提案は明快だった。まだ長銀本体には比較的体力が残されていた。株の含み益もある。地価が回復すれば乗り切れる。堀江は提案を全面的に採用した。

当面の不良債権対策として堀江、鈴木らは直ちに約十社の受け皿会社をつくり、翌九二年までに十数件、約一千億円分の不良債権を移し替えた。

「そこまでは、まだ、やり口も控えめだったし、一定の合理性があった」

破綻後に調査に乗り出した長銀内部調査委員会メンバーの一人はそう振り返る。だが、地価暴落は続き、株価も下がる一方だった。次第に自力で処理する能力がそがれていく。

「凍結では乗り切れない」

目前に膨大な不良債権が積み上がっていた。

**隠蔽**

東京・内幸町にある長銀本店の大会議室で九七年春、定例の部店長会議が開かれていた。本店各部門の部長や全国各地の支店長ら百人以上が集まり、正面には頭取の大野木克信ら役員陣も顔をそろえていた。会議が終わろうとする直前、事業推進部長の大田《おおた》秀晴《ひではる》が淡々と報告した。

「公表している不良債権および、これらへの引当金額は次の通りです。一部はホテルやマンションを建設することによって、鋭意活性化を図っています」

わずか数分の報告だった。続いて細部の説明のために立ち上がった事業推進部参事役の報告も大田と同様、目新しい話はない。

「マスコミに出ている話がほとんどだな」

出席していた多くの部店長は報告を聞き流していた。だが、一人の支店長の脳裏に嫌な予感が走った。

「毎期、かなりの金額を引き当てているのに全然減らないな」

このころ、何も知らない一般行員は不良債権の一括処理に踏み切る日を「Xデー」と呼び、行内で噂《うわさ》し合っていた。当時、営業部門に所属していた長銀マンが悔《くや》しそうに話す。

「そうこうしているうちに、あっちこっちから追い貸しなんかのカネが出ていく。まずいぞっていう感じの中で、いよいよXデーがくるのかと思ったんだけど」

しかし、経営陣が選んだ道は処理ではなく隠蔽《いんぺい》だった。

「結局、一部の人間だけで隠しちゃったんだ。しまいにはだれ一人として全容なんか分からなくなっちゃったんじゃないのかな」

事業推進部をよく知る元役員がため息をつく。

「事業推進部はまるで野戦病院のようだった。敗れた企業の担保不動産なんかが傷病兵のように次々に運び込まれて」

この事業推進部が発足したのは九二年六月だった。九六年には部員の数も三十人を超える大所帯になっていた。本店十二階の事業推進部の明かりは深夜まで消えることがなかった。だが、隣の同僚が何をしているのかすら分からない。全体像を知っている担当役員ら二、三人の指示で動くだけだった。

「事業推進部に行っていたのは優秀な行員ばかりだったけど、決して明るい仕事じゃないでしょ。みんな頭を真っ白にしてやっていたんじゃないだろうか」と元取締役の箭内昇は言う。

「責任者になったのがバブルの先頭で踊った当事者ばかりだった」

中でも事業推進部の担当役員に鈴木克治が就任したことは波紋を広げた。この人事に反発した役員の一人は、当時、頭取だった堀江鉄弥に面と向かって言い放ったことがある。

「あいつこそ張本人じゃないですか。保身やしがらみがあって、不良債権の処理なんてできるわけがありません」

食ってかかられた瞬間、堀江がポツリと漏らした一言を役員は鮮明に記憶している。

「余人をもって代え難いんだ」

箭内が憤《いきどお》る。

「日本の金融機関は全部狂乱に走ったんだから、ほかの銀行にも鈴木克治さんのような人は必ず居たはずなんです。でも、ほかの銀行では、そういう人が消えていったんじゃないでしょうか。消えなかったとしても、バブルで先頭に立った人物に、今度は一転して後処理をさせるなんておかしい。どう考えても不思議な人事だった。もし違う人が処理に当たっていたら別の展開になったかもしれないんです」

「乱脈融資を進めたA級戦犯」と名指しされた鈴木克治は行内では「異能の人」と呼ばれた。「評論家ばかりの銀行の中で、汚れ仕事をこなせる一握りの人物」とも言われた。親分肌の性格を慕う部下が多い半面、性格の激しさゆえ行内に敵も多い。

鈴木は東大経済学部を卒業し、六二年に入行。営業企画畑を中心に歩き、長期経営計画の策定にも何度か携《たずさ》わった。鈴木とともに働いたことのある現役（当時）の長銀支店長は「江戸っ子らしい明るさと気っぷのよさが持ち味。物事を自分で企画・立案し前向きに進める、長銀には珍しい行動派だった」と鈴木を評価した。

「抜群の事務処理能力と、相手を丸め込む話術。部下の話を聞いて、即座に理解し適切なアドバイスを出せる。麻雀《マージャン》と囲碁は行内でも屈指の腕前だった」と長銀幹部は言う。

こうした性格を買われ、大阪支店営業第二部長時代に消費者金融のプロミス、本店へ戻ってからも八六年六月から八九年五月まで同じ消費者金融のライフの経営立て直しを任される。二社を再建した手腕は長銀内で伝説化した。

当時、ライフには大量の貸し倒れが発生し、これを償却する必要に迫られていた。常務として出向した鈴木は、毎晩のように現場の社員を居酒屋に誘っては、売り上げ拡大策を話し合った。当然、ライフの中で鈴木を中心に一体感が高まった。懸案だった貸し倒れの償却も、売り上げの増加によって順調に進み、ライフは償却による一時的な業績の落ち込みを乗り越えた。かつて鈴木とともに出向した経験のある幹部は、鈴木の人身掌握術を「居酒屋での徹底した飲ミュニケーション」と評する。

本店で鈴木を待っていたのは、バブルの異常な好景気だった。業務推進部長としてイ・アイ・イ・グループへの融資など、不動産会社に対する積極的な融資の旗振り役を務めた。自ら「毒皿だ」と言ったイ・アイ・イの高橋治則との親密な関係はつとに知られていた。高橋が理事長を務めていた東京協和信用組合など二信組の乱脈経営を追及する国会の証人喚問で、高橋が「当時二信組が長銀の実質管理下にあったことは、長銀が二信組に増資したことでも明らかだった。その申し出は鈴木克治氏からあった」と証言したため、二人の深いつながりがクローズアップされた。

無理な融資が不良債権化すると、一転してこれを処理する事業推進部を統括する役割になる。九二年六月に事業推進部が設立されると、九八年三月まで専任の役員としてこの処理を陣頭指揮した。今度はライフやプロミスのようにはいかなかった。行員とゆっくり、飲ミュニケーションする余地はなかった。長銀本体そのものが脅《おびや》かされていた。

ライフ立て直しに乗り込んだかつての部下を集め、不良債権と格闘する。鈴木は周囲に漏らしたことがある。

「長銀の行員は立派な学歴を誇りにしているばかりで、ろくなのがいないな。評論家ばかりだ。ライフの生《は》え抜《ぬ》きのやつらのほうがよほどよく仕事をするし、ガッツがある。このままでは、長銀はえらいことになるぞ」

かつての部下は残念そうにつぶやいた。

「あまりに切れすぎたことが、カツさん（鈴木の愛称）の不幸だった」

九三年の末、頭取の堀江鉄弥ら経営首脳は、再度、決断を迫られていた。

内部調査委メンバーが言う。

「このころが最後のチャンスだった。株式の含み益などを総合的に判断すれば、長銀にはまだ処理のための体力が残されていた。堀江さんの責任は重いと言わざるを得ない」

**長銀による不良債権隠しの全容**

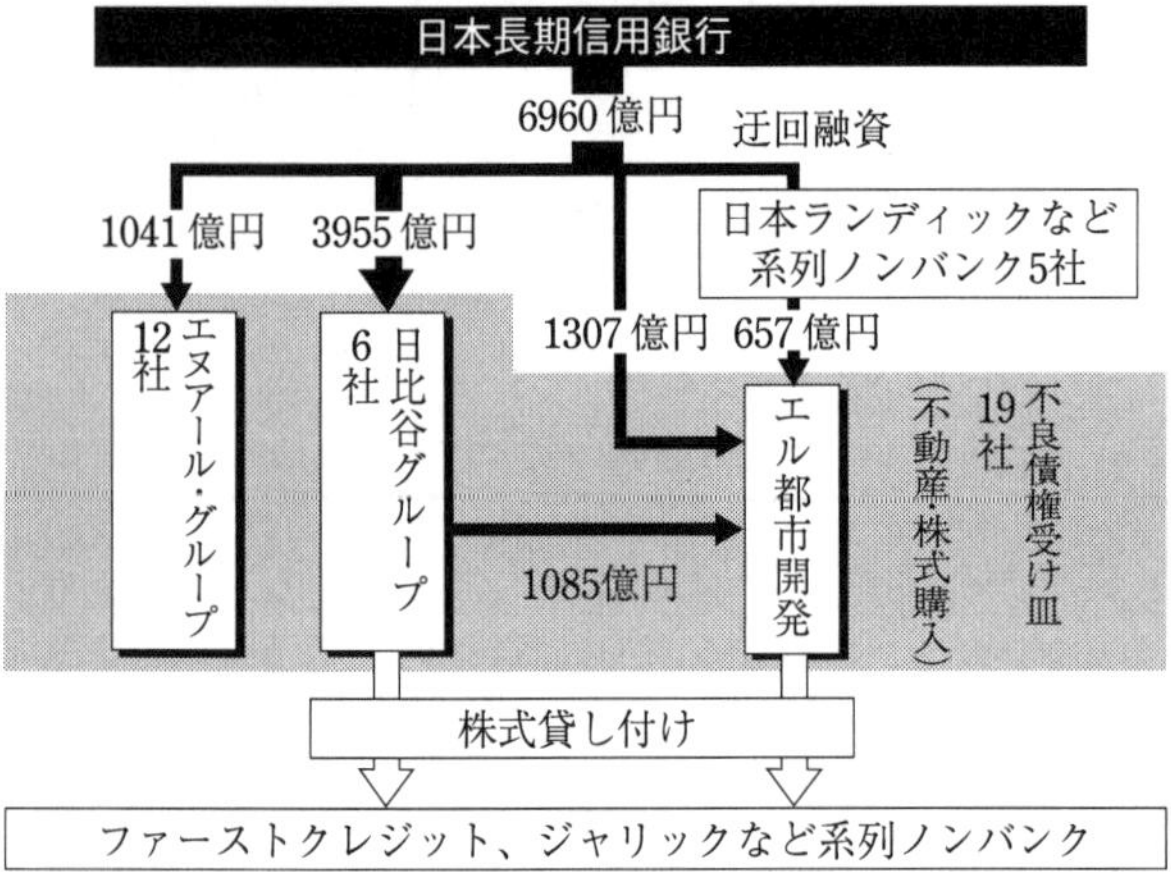


堀江ら経営陣の決断は鈍く、危機感に欠けていた。

「当面は受け皿会社に移し、時間をかけて徐々に処理していこう」が全社的方針になり、以後、長銀内では不良債権隠しは中間処理対策と呼ばれることになる。

隠蔽の道に突き進むことを決断した事業推進部は、この後、返済不能に陥った融資先から代物弁済などで引き取った不動産物件を事業化するため受け皿用のペーパー会社を次々に設立する。一度決定した方針は揺るがなかった。

破綻直前まで役員だった元常務の証言は、当時の行内で起きていた葛藤《かっとう》と迷いを物語る。

「不良債権をどれだけ処理するか、というのはよく議論になるところだった。今すぐにでも処理すべきだという意見と、市況がある程度回復するまで先延ばししていくという意見がいつもぶつかって、結局は先延ばしの意見が通る、そんな感じだった」

過剰融資の傷跡を隠すことによって塗りつぶそうとした長銀がつくった受け皿会社は最終的に直系だけで十九社、グループ全体では九十九社に上り、十九社だけでも六千九百六十億円分もの不良債権隠しが行われた。営業畑にいた元部長は必死な表情でこう訴えた。

「隠したって言うけど、悪意なんかなかった。当座しのぎだったんだ。地価の回復に一縷《いちる》の望みをかけてね。地価さえ持ち直せばすべては解決するってね。何年かたって、いつか同僚とあの時は苦しかったなって笑って話せる日がくると思ってたんだよ」

「その日」がくることはなかった。

## ドンの呪縛

桜の花が散り、若葉が芽吹き始めた九五年四月上旬のある日、元調査部長の宮川浩一《みやがわこういち》は、相談役に退いていた元会長の杉浦敏介を訪ねて、十九階の相談役室へ向かうエレベーターの中にいた。長銀を訪ねるのは約二十年ぶり。宮川のいたころの本店は、東京・大手町の一角にある九階建てのビルだった。今は霞が関の官庁街にほど近い日比谷公園の真向かいに、ガラス張りで二十階建ての近代的なビルを新築して移っていた。まるで別の会社のようだった。

「ずいぶん立派なビルを建てたもんだ」

感慨に浸《ひた》る間もなく、エレベーターは十九階に止まった。ホールに出ると、曲がりくねった廊下の先の奥の角部屋が相談役室だった。二十畳以上はあろうかという広々とした部屋には二面に大きな窓があり、明るい光が差し込んでいた。

宮川が入ると、杉浦は椅子から立ち上がり、中央の応接セットまで出てきて座った。そして開口一番「人が信用できなくなった」と絞り出すように言った。

それより半月ほど前の三月、東京協和、安全両信組によるイ・アイ・イ・グループへの不正融資疑惑が衆院や参院の予算委員会で取り上げられた。

イ社社長の高橋治則やイ社を実質管理下に置いていた頭取の堀江鉄弥に対する証人喚問が繰り返された。

杉浦の言葉は高橋に対するものか、自らが頭取に選んだ堀江への失望か。眉間《みけん》にしわを寄せ、顔色はやや青ざめて見えた。真意を測りかねた宮川に、杉浦は「銀行もこれだけ大きくなったし」と、はぐらかすようにゆっくりと部屋を見回した。日比谷公園とは反対側に面した窓からは隣のビルが見えた。

しばらく窓の外を見ていた杉浦は、一転、現在の状況を話し始めた。

「行員の皆さんにも、こんな新しいビルに入ってもらって喜んでもらっているよ」

杉浦は饒舌《じょうぜつ》に話していたかと思うと、次は突然ふさぎ込むということを繰り返した。

「精神的にかなり不安定な感じだった」と宮川は述懐する。話題を変えようとして「何か福祉関係とか社会に貢献するようなことをやってますか」と尋ねた。

杉浦はそれには答えず、しきりに昔の思い出話を続けた。この時期、杉浦は子飼いと自他共に認めていた堀江や会長の増沢高雄らにけむたがられ、経営の一線から身を引いていた。

杉浦敏介

宮川浩一の目には、そんな杉浦が「自分が長銀を育ててきたんだ」と虚勢を張っているように映った。帰り際には、自らエレベーターホールまで送りに出てきた。そして「また来てください」と名残惜しそうに別れの言葉を告げた。人恋しげなその姿に、宮川は何とも言えない寂しさを感じたという。

「長銀と言えば杉浦、杉浦と言えば長銀、そんな存在だった」と、OBは口をそろえる。

杉浦敏介は長銀が設立された一九五二年、のちに二代目頭取になる浜口巌根《はまぐちいわね》らについて日本勧業銀行から移籍した。浜口は、その威風堂々とした姿からライオン宰相と親しまれた浜口雄幸《はまぐちおさち》の二男で蔵相の池田勇人と親しかった。

池田の秘書官は宮沢喜一《みやざわきいち》。七〇年代、宮沢と親しくゴルフをする杉浦の姿がたびたび目撃された。この池田＝浜口の関係によって以降の長銀は、池田の率いた派閥の名から「宏池《こうち》会系銀行」と揶揄《やゆ》されるようになる。

杉浦は浜口巌根に付いて順調に出世の階段を上っていった。五八年には取締役に就任、六一年には早くも常務となった。頭取が三代目の宮崎一雄《みやざきかずお》になったあとも六九年には副頭取、七一年にはついに頭取に上り詰めた。この後、会長時代を含めて実に十八年にわたってトップに君臨する。

「銀行に派閥はいらない」というのが口癖だった。

宮川浩一は「杉浦色一色に行内を染め上げることで、派閥ができる余地をなくした」とみている。

発足直後の長銀は当時の日本勧業銀行から大量に移籍した勧銀組と、地方銀行などの出身者による非勧銀組とに分かれ、熾烈《しれつ》な派閥争いを演じた。結局、初代頭取の原邦道《はらくにみち》を代表権のない会長に祭り上げる形で浜口が二代目頭取に就任し、勧銀組勝利の形でピリオドが打たれた。以降は宮崎一雄、杉浦敏介と勧銀出身者が頭取を歴任したが、宮川によると「今度は勧銀出身者の中で頭取レースをめぐる激しい争いがあった」という。

それも杉浦が頭取になるまでの間だった。杉浦は勧銀入行が一期下で、長銀発足時に一緒に移籍した星埜保夫《ほしのやすお》と頭取の座を争った。宮崎は自分により近い杉浦を後任の頭取に選ぶと、星埜を長銀不動産社長に出してしまった。間もなく宮崎自身は病気となり一線を退く。

浜口巌根

当時を知る関係者は言う。

「杉浦さんが一番尊敬し、また、恐れていた浜口さんも亡くなり、周りに怖い人がいなくなった」

だれにも気兼ねすることがなくなった杉浦は、頭取、会長を退いたあとも取締役相談役として隠然たる力を発揮。九二年に取締役を退くまで実に三十四年にわたって役員の椅子に座り続け、トップには自分の息のかかった者を指名した。

七年間頭取を務めたあとの後任には、勧銀で一緒に仕事をして気心の知れた吉村勘兵衛《よしむらかんべえ》を推し、自らは会長職に座り続けた。八四年には勧銀時代に日本橋支店の部下だった酒井守を頭取に就けた。そしてバブル景気が盛りの八九年、親類の堀江鉄弥を頭取に、九一年には会長に増沢高雄を選ぶ。二人とも長銀発足直後の五三年入行の大卒一期生だった。

杉浦の母方の親類に当たる堀江は、語学に強く国際畑の草分けとして知られた。しかし、人材が豊富な一期生の中では、決して目立った存在ではなかった。同僚は話す。

「将来頭取になるなんて印象は全くなかった。帰りの電車の中で、おれは冷や飯を食わされている、なんて愚痴をよく聞いた」

しかし、杉浦が頭取時代の七三年に国際業務部長になると、以後は順調に出世の階段を上っていった。ランディック元常務の川村一雄は厳しい評価をする。

「この人が頭取までいったというのは、やはり杉浦さんの引き以外の何ものでもなかった」

堀江が頭取になったころは土地の値上がりに伴って、不動産部門が急速に伸びた時期だった。興銀に比べて歴史が浅い分、不動産、サービス業など新規分野の開拓を目指し、はまり込んでいった。その結果、イ・アイ・イ・グループなどバブル企業を担当した業務グループが独走、結果的に不良債権の山を築いていく。

土地や株がまだ急速に値上がりする前の八五年、大手ゼネコンに出向していた川村は、のちに東京・六本木の地上げで名をはせる麻布建物の渡辺《わたなべ》喜《き》太《た》郎《ろう》から相談を受けていた。

「長銀と取引をしたいんで、仲立ちしてくれないか」

川村は融資担当役員と引き合わせた。しかし、結果は失敗に終わった。海の物とも山の物とも知れない企業に、巨額な融資はできないというのが答えだった。

そこで、一発逆転を狙って渡辺喜太郎が頼ったのが時の通産大臣、渡辺《わたなべ》美《み》智《ち》雄《お》だった。大臣の紹介を何とか取り付けた喜太郎は、翌年の杉浦邸での新年会に出席し、取引を杉浦に直訴した。

その一ヵ月後、川村は東京都港区にある麻布建物の本社社長室を訪ねた。ユトリロや平《ひら》山《やま》郁夫《いくお》らの絵が飾られた部屋に姿を現した渡辺喜太郎は、上機嫌だった。

「杉浦さんから、昔は西武の堤康次郎《つつみやすじろう》さんも東急の五島慶太《ごとうけいた》さんもあなたと同じようなもんだった、頑張ってくださいなんて励まされたよ」と得々と話した。

杉浦もバブル融資に無縁ではなかった。

九五年三月二十九日。イ・アイ・イ・グループへの不正融資疑惑が追及された参院予算委員会で、堀江はイ社への経営に深く関与したことを示す内部文書について追及され、窮地に立っていた。

「バブルの風潮に流されたことは申し訳ない」

「反省材料として二度と繰り返さないよう努力する」

「いろいろな意味で責任を感じている。自分自身で判断する」

堀江はひたすら反省の弁を繰り返し、その後、間もなく辞任した。

破綻からしばらくして杉浦は元副頭取の水上萬里夫に電話でぼやいた。

「一期生に期待したんだが、和を保つばかりで仲良しクラブになり、流されてしまった。トップを増沢、堀江に絞った判断は本当によかったのか」

その声には、心なしか力がなかったという。

「問題は杉浦体制が長く続きすぎたということに尽きるんじゃないか。だれも何も言えない硬直化した組織になっちゃったからね」と宮川浩一は振り返る。

川村も杉浦の影響力の大きさを指摘する。

「杉浦さんと堀江さんというのは紙の表と裏のような関係なんですよ。最後は杉浦さんを遠ざけたと言われますが、それも杉浦さんの呪縛《じゅばく》から最後まで逃れられなかったということの裏返しでしょう」

堀江の後任は大野木克信に決まった。この人事にはさすがに杉浦は直接タッチしていないと言われる。しかし、元役員が「杉浦さんの腹心を中心とした有志のテニスの会に大野木さんも参加していた」と言うように、杉浦体制を支えた一人であることには変わりがなかった。

## 厚さ十センチの登記簿

長銀を破綻に追い込んだ不良債権の傷跡はいたるところに残されている。

有名ブティックが立ち並ぶ、原宿や青山、渋谷と隣接する神宮前は東京でも有数のファッションタウンとして知られる。その一角、表参道の交差点にほど近い青山通りに面して円筒形の地上十六階建てのオフィスビルが立つ。壁面の多くがガラスに覆われ、見上げると反射する陽光がまぶしい。

ビルには銀行の支店やオフィスのほか、ファストフードやコーヒーショップなどの飲食店も入居する。周辺は、スーツ姿のサラリーマンやOLとともに、華やかな装いに身を包んだ若者たちが歓声を上げながら行き交う。このビルに、信じ難いほど巨額の資金が投入され、回収されないまま眠っていた。

法務局でビルの立つ土地の登記簿を申請した。コンピューターを操作した窓口の職員から「今日は無理です。こちらから連絡しますので、後日、取りに来てください」と告げられた。こんなことはめったにない。いぶかりながらも引き返し、連絡を待った。数日後、受け取った登記簿を見て、一瞬、息をのんだ。

一通の厚さが十センチもある。広辞苑なみの厚さだ。一緒に担保とされた物件を示す共同担保目録を合わせると総ページ数は九百ページを超える。土地の広さは約千九百平方メートル、所有者は日本ビルプロヂェクト（ビルプロ）。東京都港区に本社を置く中堅の不動産会社だった。

登記簿の融資限度枠を示す根抵当権《ねていとう》には異常な額が設定されていた。日本リースが六百四十億円、長銀が四百五十億円……。他の金融機関がビルプロに見切りをつけ、融資を引き揚げる中で長銀は支援を続行した。残されたのは巨額の不良債権だった。この土地を舞台に一体何が起きたのか。

この土地をビルプロが手に入れたのは八五年十一月だった。そのわずか一ヵ月後、日本リースなどが、ビルプロが所有する他の八ヵ所の土地を共同担保として融資限度額計二百四十億円の根抵当権を設定した。これを皮切りに、八九年までに、長銀、日本債券信用銀行（日債銀）のほか、都銀、信託銀行、日本開発銀行（九九年、日本政策投資銀行）、住宅金融専門会社などが数千万円から数百億円まで計七十九回もの根抵当権を次々に設定、ビルプロに巨額資金をそそぎ込んだ。

ところが、八九年になると奇妙な出来事が起きる。八月から十月にかけ、融資を実行していた計十三の金融機関のうち、日本リースを除くすべてが最後の根抵当権を設定した。バラつきのあった融資枠の金額が、ここで突然、各金融機関ごとに数字がそろう。日本リースと長銀は前述の金額の通り六百四十億円と四百五十億円。日債銀三百億円、日本信託銀行二百億円、第一勧銀、さくら（二〇〇一年四月、三井住友銀行）、横浜、安田信託銀行（二〇〇二年四月、みずほアセット信託銀行）がそれぞれ百五十億円となった。

ビルプロの窓口だった東京支店の元営業部長は「直接の担当じゃなかったので詳しい事

情は知らないが、当初ばらばらに貸していたのに数字がそろうのは、協調融資だと思う。最初はビルの建設資金を貸し付け、ビルが完成したら担保価値を検討し直すのが一般的だ」と説明する。ビルプロ役員も「長銀が幹事役になって、融資額も各行と決めた」と打ち明ける。

長銀の融資責任者だった元東京支店長が重い口を開いた。

「ビルプロは完全な丸抱えだった。今、考えると、土地神話を信じた典型的なバブル融資だった」

土地に設定された融資枠は、九〇年の段階で長銀と系列ノンバンク日本リースだけで千九十億円、十三の金融機関を合計すると総額は二千六百億円にも膨れ上がっていた。

六九年に設立されたビルプロと長銀の付き合いは古い。

「ビルプロには銀行の店舗を扱っていた実績があり、昔から取引があった」と東京支店OBは言う。

民間信用調査機関の報告書には同社の業務がこう記されている。

「ビル建設予定地の市場調査から、ビル竣工《しゅんこう》後の運営にいたるまでの総合企画、建築設計、ビル管理まで全般的な建設コンサルタント業務に特色を発揮している。百二十棟以上のビル総合企画の実績があり、地域的には東京中心部の開発が多く、また金融、生保各社の出店開発に関係した事業展開が多い」

堅実な経営を続けていたが、空前の好景気に乗って事業を急激に拡大させた。ビルプロ東京支店の元幹部は「長銀が土地を持ち込んで、融資するから開発しないか、と誘いかける形で着手したプロジェクトも多かった」と、その間の事情を説明する。

ビルプロが八九年から九〇年にかけて開発して港区内に完成した別のインテリジェントビルの竣工式の様子を東京支店の元幹部は今も記憶している。最上階で執《と》り行われた式典会場からは、東京湾やベイブリッジが見渡せた。

式に出席した居並ぶ金融機関幹部を代表し、挨拶《あいさつ》を指名されたのは当時の長銀東京支店長だった。支店長は窓の外に目をやりながらスピーチに立った。

「本日はまことにおめでとうございます。眺《なが》めも良くて素晴らしいビルです」

支店長にとっても晴れの舞台だった。支店元幹部が言う。

「他の銀行の幹部もたくさん来ていたけれど、その中でも長銀の融資高がトップだったので指名されたんでしょう」

蜜月時代は間もなく終わりを告げる。九〇年末、経営状態は急速に悪化した。取扱窓口が東京支店営業一部からイ・アイ・イ・グループなどとともに本店営業九部に移された。

この直後、ビルプロ幹部が長銀東京支店を訪ねている。

「禁治産者《きんちさんしゃ》みたいな扱いをしないでくれ。本店はいろいろ細かいことを言ってくる。支店扱いのほうが自由が利いていいんだ」

不本意な表情を隠さずに詰め寄る幹部を支店長が必死になだめた。

「そんなつもりはありません。本店のほうがきめ細かく見てくれますから」

支店元幹部が苦笑する。

「そりゃ、どうしようもないから移したんですよ。でも、そんなこと言えるはずがないでしょう」

九四年十一月、ビルプロへ融資を実行していた金融機関に一通の文書が配られた。

「当行と日本リースが金利を減免するので足並みをそろえていただきたい」

長銀が作成した支援策だった。各行に対し、融資の金利減免を要請していた。これが裏目に出る。

文書を受けた他行は支援を拒否した。逆にビルプロの経営内容に危機感を強め、九五年初頭から九六年にかけて債権を共同債権買取機構に次々に売却し、一斉に撤退してしまった。長銀は孤立した。

ビルプロの決算報告書によると、九六年七月期決算の時点で七百八十四億円の債務超過状態に陥っていた。二千六百億円もの融資の担保となった土地の価値も大幅に下落した。

ビルプロ役員が自ら告白する。

「バブルのころ、銀行は融資を受けた九ヵ所の土地を三千億円ぐらいに見積もっていた。神宮前のビルだって、一千億円の評価だった。でも、今は当時（九九年）の十分の一。共同担保分を含めても二、三百億円程度じゃないでしょうか」

二千億円以上も回収不能となった計算だ。

「長銀に、もう土地を売却してくれ、と言ったこともあるんだ。借金は増えるだけで、このままじゃつぶれると思ったし、つぶしたいぐらいだった。でも、つぶさないと言い、本当にうちのことを考えてくれていると感謝もしていた」

他行が見切りをつけて撤退しても支え続けた。ビルプロ役員が続ける。

「結局、長銀は自分のことだけを考えていた。つぶすと自分のところの不良債権が表面化するから、支援という薬を飲ませ続けたんだ」

飲ませた薬は、長銀にとっても粉飾決算を引き起こす麻薬だった。支援続行を決断した長銀は九四年から九八年にかけ、四谷プランニング、竜泉エステート、木挽町《こびきちょう》開発、日本エイ・ピーといったペーパー会社を次々と設立し、債権譲渡などの手法で債権を移し替える不良債権隠しにのめり込んでいった。

## 北国のゴルフ場

杜《もり》の都、仙台市の中心部から西へ車で約三十分、緑が濃さを増す。国道286号の分岐点から約一・三キロの曲がりくねった坂道を上ると、丘陵の上に、突然、ヨーロッパの宮殿のような建築物が現れる。東北地方では最大級のゴルフ場といわれるミリアセンダイゴルフクラブのクラブハウスだ。「日本有数の名湯の一つ」と地元が自慢する秋保《あきう》温泉がすぐ近くにあり、遠く蔵王連峰も仰ぎ見ることができる。

支配人が「約六十億円をつぎ込んだ」と言うクラブハウスは白亜の三階建て。総面積は約八千二百平方メートルで、玄関の階段両側には噴水からの清流がそそぎ込んでいる。白を基調とした明るい内装、吹き抜けのロビーに「バスルームには温泉を引いています」の貼り紙もある。観光地の高級リゾートホテルと見間違えるほどの豪華さだ。

　ゴルフ場は九三年四月にオープンした。総面積は約百十四ヘクタール。五千万円で会員権を販売し資金を手当てする計画で、八七年ごろから用地買収を始めた。実質的なオーナーは歌手の千昌夫《せんまさお》（本名阿部健太郎《あべけんたろう》）だった。

「星影のワルツ」「北国の春」などのヒット曲で知られる千が、不動産事業を手がけるようになったのは七〇年ごろからだ。たまたま購入した土地が、東北新幹線の開通で値上がりしたのがきっかけと言われる。

　自ら社長を務めるアベインターナショナルベンチャーズコーポレーション（アベ社）を使い、八〇年代後半からオーストラリアの名門ホテル「リッツカールトン・シドニー・ホテル」を約六十億円で買収したほか、英国、香港などで高級ホテルを買いあさった。ピーク時には長銀以外の金融機関も含め二千億円以上の負債を抱え込みながら事業を手広く展開する姿に「歌う不動産屋」とまで言われた。

　しかし、事業は例に漏れず行き詰まった。買収したホテルを次々と安値で手放した。その時期にミリアセンダイは建設が進められた。五千万円の会員権は売れる見通しが立たなかった。長銀と日本ランディックなどはアベ社にゴルフ場開発資金として約三百億円を融資していた。

「このままでは全額焦げ付く」

長銀はゴルフ場オープンに全力を挙げる。他の債権者からゴルフ場に抵当権を付けられないよう、融資先とされていたアベ社からゴルフ場の経営を切り離した。九二年にゴルフ場を運営するミリアセンダイ（旧ミリア社）に営業譲渡し、実質的な経営権は長銀に移った。

ミリア社は長銀分も含めて約四百億円の債務を抱えていた。長銀はミリア社に社長を派遣した上で、ゴルフ場に約百二十一億円の根抵当権を設定。さらにミリア社を坪沼開発と新たにつくった新ミリアセンセンダイ（新ミリア社）の二社に分社し、旧ミリア社の債務約四百億円を分割した。両社の本店所在地はゴルフ場のクラブハウス内にあり、両社の役員もほぼ同じだ。

新ミリア社はゴルフ場の営業を引き継ぎ、資産と同じ額の約百二十億円の債務を、坪沼開発は残りの約二百八十億円の債務を負担した。新ミリア社の株式はすべて坪沼開発が所有した。

ゴルフ場運営にかかわった関係者は「帳簿上、新ミリア社に資産を上回る債務はなく、坪沼開発も新ミリア社という資産を持っており、両社とも債務超過とは言い切れない」と説明する。この複雑な操作で不良債権化した約四百億円は正常債権のように装われた。

長銀は高額な会員権販売に見切りをつけ、パブリックコースとしてゴルフ場をオープンした。しかし、雪で毎年一月から三月にかけては閉鎖され、しかも難コースのためゴルファーからは敬遠されて客数は伸び悩んだ。

長銀関係者は「一般的に言って、ゴルフ場の収入は年間数億円程度が常識。当初から利息の返済すら不可能だった。不良債権処理を先送りするための苦肉の策。典型的な飛ばしだった」と認める。

新ミリア社などゴルフ場の運営会社二社は九九年七月、臨時株主総会を開いて会社解散を決議し、仙台地裁に特別清算を申し立てた。隠されていた不良債権が表面化し、負債総額は二社で計約四百二十億円に膨らんでいた。

地元のゴルフ場関係者は「この周辺では五十億円もかければ立派なゴルフ場ができる。カネのある芸能人が造ったと聞いて納得した。しかし、ゴルファーが期待するのは、豪華なクラブハウスや料理ではなく、楽しめるコースがあるかどうかだ。カネをつぎ込んで建設を後押しした銀行は何もアドバイスしなかったのか」と首をひねった。

## 続く隠蔽工作

まだお屠蘇《とそ》気分が抜けない九三年一月六日。有価証券偽造などの容疑で全国に指名手配され、一年以上も逃げ回っていた男が千葉中央署に逮捕された。アパレル会社フォンテンヌブロウ（フォン社）の社長だった。若手経営者や二代目社長らが八九年一月に結成した「承継者の会」のメンバーに名を連ね、将来有望な青年実業家とみられていた。

資金繰りが厳しくなった九一年八月から九月にかけ、社長を兼任していた静岡県熱海市の名門老舗《しにせ》旅館「熱海静観荘」の株券（額面百万円）を東京都内の印刷業者に偽造させ、これを資金提供した知人に担保として渡したり、本物と偽って国会議員の元私設秘書に買わせていた。裁判で「偽造株券は稚拙《ちせつ》なもので、偽造の罪は成立しない」などと主張したが、執行猶予付きの有罪判決を受けた。彼も長銀のずさん融資に酔いながら追い詰められた一人だった。

フォン社は、七八年八月、のちにビルプロのビルが建つ東京・神宮前に婦人服製造販売会社として設立された。婦人用ニットウエアなどを中心としたアパレル事業が本業だった。製品を韓国、台湾、香港から輸入し、スーパーなどへ卸しながら売り上げを伸ばした。八四年から八五年にかけて、北海道函館市、青森県弘前《ひろさき》市、宮城県仙台市、神奈川県厚木市、山口県下関市と立て続けに直営店を出店するなど業績は好調だった。

八〇年代後半からは不動産業にも進出、九〇年三月期には年商七十四億八千五百万円にまで成長した。東京都内などで地上げを進める一方、静岡県熱海市、石川県加賀市のホテルなどの買収や開発にも乗り出した。資金は都銀のほか、長銀とその系列ノンバンクがバックアップした。

長銀は八九年から九〇年にかけ、日本ランディックや長銀リースを通じ、熱海市や加賀市のホテルなどを担保に計約百九十五億円をフォン社に融資した。しかし、フォン社の業績は不動産投資が裏目になって急速に悪化していく。それに伴い、他の銀行が融資を引き揚げていったが、長銀はここでも支援を続けた。

「フォンテンヌブロウグループに対する対応方針」と題された内部文書がある。イ・アイ・イ・グループへの過剰融資にも登場した東京支店の営業四部が九〇年十月三十一日付で作成したものだ。フォン社は、この数日前、別の銀行から担保不動産の差し押さえを受け、資金繰りに苦しんでいた。三十ページ以上に及ぶ文書は、フォン社グループの営業力、担保状況などが詳しいデータをもとにリポートされている。表紙部分に当時審査部長だった長銀最後の頭取となった鈴木恒男や、業務推進部長だった鈴木克治の二人の名前が記され「説明済」と記されていた。

それによると、グループが熱海市などで進めていたホテル開発計画については「資金的に困難」「財務内容は悪化」と分析し、本業の婦人服販売も「かなり苦しい」と問題点を指摘していた。しかし、結論は「今後も取引を続けるべきだ」とされた。ブレーキは利かなかった。鈴木恒男は「フォン社への融資が不良債権となってしまい、問題とされたことは覚えているが、当時、現場の者から説明を受けた記憶はない」とだけ答え、融資継続を承認したことを認めようとしなかった。

一年後の九一年十一月六日、融資継続決定にもかかわらずフォン社は二回目の不渡りを出し倒産する。資金繰りに苦しんだ社長は偽造株券を使った犯罪に手を染めていた。

フォン社への融資担当者は「担保不足ではないかという不安もあったし、アパレル出身者が不動産業をやって本当に大丈夫なのか、と引っかかるものもあった。しかし、一億総不動産屋の雰囲気の中で違和感はなかった」と話す。

長銀は二百億円の債権回収に取り掛かる。担保に取っていた熱海市内のホテル「ニューアサヒ」と熱海静観荘を競売にかけた。ニューアサヒを担保に総額七十億円、熱海静観荘を担保に総額六十四億円をフォン社に貸していた。買い手はつかなかった。次に手がけたのは債権を別会社に帳簿上移す不良債権飛ばしだった。

まず専用のペーパー会社、エーケー開発を九三年三月に設立。一ヵ月後の四月には、長銀が競売を申し立てていたニューアサヒを落札した。競売代金の約五十五億円は長銀が面倒を見た。その後、同様に競売となっていた熱海静観荘も同じように落札した。

エーケー開発の登記簿上の本店所在地は東京都港区のマンションの一室だが、ほとんど人の出入りがない。別の長銀関連二社も同居しており、同一人物がこれら三社の社長や役員を兼任している。社長は警視庁の元警察官だった。

「頼まれて名前を貸しただけ。私は何も知らない」

社長は役員就任の経緯の説明を避けた。背景には複雑な事情があった。

フォン社が倒産直前に乱発した手形をめぐり、関西の指定暴力団に近い金融業者が乗り込み、長銀が抵当権を設定しているフォン社の所有物件に手を付け始めていた。元警察官という肩書は、暴力団絡《がら》みの担保物件を落札するためには有効だった。

ニューアサヒは、フォン社がリゾートマンションとして分譲する計画だった。現在は取り壊されたままで、不動産の評価額も半分近くに目減りし、三十億円程度とされる。熱海静観荘は都内の会社に転売されたが、その後、営業していない。受け皿会社を使って不良債権の事業化を図るというお題目はここでも反故《ほご》にされた。

九七年七月六日夕。首相橋本龍太郎《はしもとりゅうたろう》はペルー大統領のアルベルト・フジモリと熱海市沖に浮かぶ初島周辺を遊覧していた。船はホテル「初島クラブ」の専用船。ホテル内のレストラン「潮騒」で開かれた夕食会には、大統領のほか外相フランシスコ・トゥデラや、大使館人質事件で有名になった前駐ペルー大使青木盛久《あおきもりひさ》らも出席した。夕暮れの伊豆半島を眺めながらの鉄板焼き料理に、大統領らは上機嫌で日本酒の杯を重ねた。

翌日、橋本はフジモリを海上保安庁の巡視艇「まつなみ」に招き、伊豆半島近海のクルージングに誘った。橋本が初島を訪ねるのは二度目で九六年一月には家族と休暇を楽しんでいる。「ばてちゃったよ、はしゃぎすぎかな。しかしフジモリが本当に喜んでくれた」と日焼けした顔で満足そうに言う橋本の姿がテレビに映し出され、一躍、初島は高級リゾート施設として知られることになる。

古くから「相模湾の真珠」とも呼ばれた初島は、熱海市の沖合い約十キロの相模湾に浮かぶ唯一の離島だ。周囲約四キロ、面積約四十四ヘクタールほどしかない小さな島だが、これまでに何度も開発計画が持ち上がった。江戸時代から島内の世帯数は四十一戸（他に一寺）と決められ、人口は約二百四十人。島民は長く半農半漁の生活をしてきた。地元住民と東京相和銀行（経営破綻）の元会長だった長田庄一《おさだしょういち》の義弟が中心となって、島全体を利用した高級リゾート施設「初島クラブ」がオープンしたのは九四年七月だった。

それから五年後、初島クラブを経営する日本海洋計画（本社熱海市）とグループ会社の計三社の会社更生法適用が静岡地裁で決定された。負債総額は五百八十億円だった。

日本海洋計画は、八九年、長銀からの融資を含め総事業費約五百億円を投じて島の約半分に当たる約二十万平方メートルに、ホテルのほかヨットマリーナやヘリポート、パターゴルフ場などを備えた複合リゾート施設の建設を開始した。

会員制方式でオープンしたが、施設が完成した時には既に景気は低迷していた。一口五千万円と二千五百万円の会員権を販売して、二百億円から三百億円を手当てする計画だったが、三分の一程度の資金しか集まらなかった。他の金融機関は事業の先行きに不安を感じ、融資を手控える。長銀だけは十年前の計画段階から資金、人材の両面で同社を支援してきた手前、引き揚げることができなかった。

事業費の担保として九五年六月になって、完成した観光施設に初めて三百六十億円、九七年八月に六億六千万円の根抵当権を設定。初島クラブ自体の経営も、長銀からの追加融資で生きながらえた。

ここでも不良債権の隠蔽工作が始まる。九八年三月、日本海洋計画が抱える負債約三百五十億円のうち約二百二十億円とクラブの経営権を、別に設立した相模海洋開発に譲渡、長銀からの貸付金は二社が負担した形となった。

その五ヵ月後、日本海洋計画をエヌ・ケー観光に、そして相模海洋開発を日本海洋計画にそれぞれ社名を変更する。新「日本海洋計画」は観光施設という優良資産とほぼ同等の負債だけを抱えた形となり、帳簿上の不良債権は消失した。同じ名前の新会社を設立するというミリアセンダイと同じような操作だった。

懸命な工作にもかかわらず赤字経営は続き、会社更生法適用申請しか残された道はなかった。工事を請け負った大手建設会社の大成建設への約百五十三億円の支払いは滞り、長銀も全額回収不能となった。

都市銀行関係者は「リゾートの評価は難しいが、バブル前後とはいえ三百六十億円は貸し過ぎ。回収の見込みがあったのかどうかは疑問だ」と指摘した。

# 第2章　崩壊

破綻の幕開け

「楽観主義で詰めが甘く、良い意味でも悪い意味でも長銀を体現したような人」

日本長期信用銀行の元幹部による、大野木克信の人物評だ。

その大野木が、一九九五年四月、イ・アイ・イ・グループへの過剰融資の責任を取り辞任した堀江鉄弥の後任として第八代頭取となった。

大野木は、五九年、長銀の母体となった日本勧業銀行が力を入れていた農業融資に興味を持って東大農学部から入行した。銀行界では異色の経歴だ。国際業務部長、企画部長など本店の主要部門を歴任するエリートコースを歩んだ。

仕事も要領よくこなした。周りに敵をつくらないタイプだった。若手として外国部に所属していたころ、一期下の後輩をつかまえて「君ね、新聞の読み方を教えてやるよ。朝出社した時には、まず社会面から読むんだ。そうすれば課長が来るころには一面にいっているだろう。覚えもめでたくなるってもんだ」と話すなど、ちゃっかりしたところもあった。

就任直後の部店長会議で、大野木は再建への決意を示した。

「私自身も経営の中核にいたことは忸怩《じくじ》たるものがある。深く反省しており、この反省をもとに経営のかじ取りを行うことが私の役割だ」

ある現役幹部は「あの挨拶には感動した。出席者のだれもが、この人なら何とかしてくれる。自分も頑張ろう、という気持ちになった」と振り返る。

芯《しん》が強く、部下にはめったに弱音を吐かなかった。しかし、経営立て直しが思うように進まず、身近な人には「長銀には批評家は多いが、本格的に仕事を任せられる人材が少ない。自分で仕事を請け負って頑張るというタイプがいないなあ」とこぼすこともあったという。

その大野木克信の前に二つの大きな問題が横たわっていた。一つは地価の下落に伴い膨れ上がる一方の不良債権。もう一つは長期信用銀行という業務形態からの脱皮だった。都銀と異なり、長銀はバブル時代に大量発行した超高利回りの金融商品ワイドの金利負担と大量償還という特殊な課題を抱えていた。

とりわけ不良債権の処理問題は早急に手当てする必要があった。大蔵省検査も間近に予想されていた。大蔵省の英語表記であるMinistry of Financeの頭文字を取ってMOF《モフ》担と呼ばれる大蔵省担当行員が、検査の時期をつかむのはさして難しいことではなかった。あらかじめ分かっているとはいえ、検査は銀行経営の健全性を証明するものとして重視され、長銀でも事前に綿密な打ち合わせが繰り返された。

大野木の頭取就任直後の九五年春、バブル期に融資を担当した常務らを中心に新設された特定債権対策委員会が調査したところ、関連会社など約三百社の債権回収に懸念があることが判明していた。検査の最大のハードルが不良債権問題だった。実態を把握していた当時常務だった鈴木克治や事業推進部長大田秀晴らは大野木ら経営首脳に報告するため、検査に備えたシミュレーションを開始する。それは「大蔵省から最も厳しい指摘を受けた場合、どうするのか」との想定だった。

銀行は貸出債権を第一分類（正常債権）、第二分類（回収に注意を要する債権）、第三分類（回収に重大な懸念のある債権）、第四分類（回収不能債権）に区分し、第三、四分類が不良債権とされている。鈴木ら事業推進部グループは、受け皿会社などへの融資の全額について「回収不能」に区分されるケースを試算した。これが現実のものとなれば、債務超過に陥る恐れがある。鈴木らは役員会に報告した。

「既に回収不能に陥っている債権に受け皿会社分を加えると回収不能の総額は約一兆円に上ります」

長銀幹部が打ち明ける。

「不良債権が、実際、どの程度だったか、実は経営首脳も把握していなかったんです。知っていたのは一部の事業推進部幹部と頭取だけだった」

最悪のケースは是が非でも避けなければならなかった。

検査を控え鈴木克治は部下に指示した。

「今のままでは第三、四分類がべらぼうに増えてしまう。圧縮のため知恵を絞ってくれ」

「新頭取は四月に就任され、株主総会を乗り切ったばかりだ。大蔵省検査の対応しだいでは頭取の首を差し出すことになる。とにかく万全の態勢で臨んでほしい」

長銀に金融検査部の検査が入ったのは予想通り九六年四月十六日だった。この日から十月にかけて行われた検査の中で、検査官は九六年三月期決算について説明を求めた。

「赤字経営で債務超過状態のエル都市開発、日比谷総合開発、エヌアールコーポレーションなど、受け皿会社への融資について説明してください。区分は適切なのですか」

担当の事業推進部が応じた。

「これらの会社については長銀や系列ノンバンクが担保に取った不動産物件を引き取り、ホテルや賃貸ビルとして事業化しています。社員や融資などは長銀が丸抱えしており、うちが破綻しない限り倒産の恐れはありません」

鈴木克治らは、検査の責任者、金融証券検査官室長に強硬に主張した。

「受け皿会社は債務超過状態だが、支援を続ける」

受け皿会社が持つ物件の中には事業化のめどが立たないものが多数含まれていた。大蔵省は個別物件一つ一つまで細かく検査せず、事業化実現の可能性などについても詳しく調べなかった。

それに加え検査資料の改竄《かいざん》、差し替えも行った。

大蔵省はこれらの債権のほとんどを第二分類（要注意債権）とすることを認め、第三分類（破綻懸念先債権）は五千百二十九億円とされ、第四分類（回収不能債権）は大野木らに報告された最悪のケースの約五分の一、千九百六十一億円に圧縮された。

検査結果が出た九六年十月ごろ。鈴木らが行内で自慢げにこう吹聴しているのを、ある幹部は耳にした。

「自分たちが大蔵省を説得したから、回収不能債権の額が減ったんだ」

三年後の九九年九月、この行為が検査妨害として銀行法違反容疑で金融監督庁から告発される。

長期信用銀行の業態からの脱皮も並行して進めなければならなかった。

「生き残るには証券市場からの資金調達の仲介、M&A（合併・買収）仲介、デリバティブ（金融派生商品）開発といった投資銀行業務しかない。だが、自前でやっても融資中心のバンキング業務と並ぶ収益を上げるまでには何十年もかかってしまう。不良債権問題も片づけなくてはならず、このままではマーケットにのみ込まれる。何とかならないか」

総合企画部を中心とする幹部の顔を見るたびに大野木はこう言い、いらだちを隠さなかった。

当時、この投資銀行業務には外資系の金融機関が続々参入しつつあった。日本の証券会社を圧倒する勢いを見せていた。大野木の動きはすばやかった。

「投資銀行業務を早急に身につけるには本格的に外資と組むしかない。この提携をテコに、日本の金融機関と対等に合併して生き残る」

大野木が選んだのはスイス銀行（SBC）だった。頭取就任から二年余りたった九七年七月十五日、長銀は日本の銀行としてはかつてない思い切った外銀との業務・資本提携に合意した。合意は次の四点を柱としていた。

①相互に発行済み株式の三パーセントを持ち合う。

②長銀は新たに千三百億円の優先株と元利金の支払い順位が低い七百億円の劣後債を発行して計二千億円の資金を調達し、自己資本に充当する。その際、スイス銀行は優先株の半分を投資証券として所有し、残りはスイス銀行が引受主幹事となって海外顧客を中心に売却を進める。

③長銀がSBCウォーバーグの香港現地法人に四〇パーセント出資して長銀SBCウォーバーグ証券とし、一、二年後に東京にイコールパートナーとして対等（五〇対五〇）で証券会社を設立する。

④SBCブリンソンが長銀投資顧問に五〇パーセント出資し、合弁の投資顧問会社を設立する。

二ヵ月後の九月十九日、両行はこの内容に最終合意する。

各銀行も驚く大胆な提携だった。大野木はスイスから帰国すると、間髪を入れずにさらに動く。生き残り策の第二段階、つまり日本の金融機関との合併を模索するためだった。

大野木は新橋や赤坂といった都内の料亭で都銀の頭取、副頭取クラスと頻繁に会食した。

「何か一緒にやれることはないですか」

「うちと手を組みませんか」

大野木は「合併しませんか」とまでは言い出さなかったが、必死に相手の腹を探ろうとしていた。しかし、大野木が動けば動くほど、「東京金融村」の雀《すずめ》たちはこうささやきあった。

「長銀はなりふり構わず、どこにでも声をかけている。よほど苦しんでいるようだ」

前向きの返事は返ってこなかった。トップ会談を終えるたびに、大野木は総合企画部幹部にこう言ってため息をついた。

「うちにはみんな興味がないらしい」

そして「魔の十一月」がやってきた。

## 魔の十一月

九七年十一月は「平成の金融危機」として歴史に残ることになる。以前から経営危機が表面化していた準大手証券の三洋証券、都銀の北海道拓殖銀行（拓銀）、四大証券の一角を占めた山一証券、第二地方銀行の徳陽シティ銀行（仙台市）が連鎖的に経営破綻し、日本の金融システムは一触即発の状態に陥った。

系列ノンバンクの不良債権処理が進まず、資金繰りに窮した三洋証券が東京地裁に会社更生法の適用を申請したのは十一月三日。上場証券会社としては戦後初の倒産で、負債総額は三千七百三十六億円、グループ十四社を含めると八千三百八十四億円の大型倒産だった。

東京地裁が三洋証券の財産保全命令を出したため、投資家が預けたカネは返還されることになったが、それ以外は凍結された。三洋証券が債務超過であることも分かり、金融機関や証券会社などが日々の資金繰りを手当てする短期金融市場から調達したコールマネーと呼ばれる資金が返済されなくなってしまった。

この影響で、既に経営が行き詰まり預金量も減り続けていた拓銀は、短期金融市場での資金調達が急速に厳しくなった。

十七日には株価が一〇〇円を割り込む。この日、頭取河谷禎昌《かわたにさだまさ》が自力再建を断念して北洋銀行に営業譲渡すると発表した。

さらに一週間後の二十四日には二千六百四十八億円の簿外債務を抱えた山一証券が自主

廃業を決断、二日後の二十六日には徳陽シティ銀行も仙台銀行への営業譲渡を発表する。ともに、短期市場からの資金調達が困難になり資金繰りに行き詰まったのが破綻の直接の引き金となった。

安田信託銀行や、同じ芙蓉《ふよう》グループで山一証券のメーンバンクだった富士銀行（二〇〇二年四月、みずほ銀行）にも経営危機の噂が流れた。両行の株価が急速に下落、海外の金融市場では日本の銀行向け貸し出しに対して「ジャパン・プレミアム」と呼ばれる上乗せ金利も発生した。

「魔の十一月」は銀行の融資を急速に減らし始めていた。その数字は日銀がまとめた九七年十一月の貸し出し・資金吸収動向が裏付けた。この月の貸出金は十四ヵ月連続で前年同月を下回った。経営健全化のため店舗統廃合などの合理化を進める大蔵省の早期是正措置導入を約半年後に控え、銀行は融資内容の改善を目指して貸出先の選別を進めていた。

大蔵省はこの措置に基づき、金融機関の破綻防止のため業務改善計画の提出や業務停止を命令することができる。銀行は是正措置適用を避けるため少しでも危険のある企業への融資は避けようとしていた。株価急落が融資の減少に拍車をかけ、貸し渋りが本格化し始めた。資金の流れの陰りは、停滞する景気を一層悪化させた。

民間信用調査会社の帝国データバンクが九七年十二月十二日に発表した貸し渋り倒産実態調査からもそれはうかがえる。調査は、金融機関の貸し渋りが原因とみられる企業倒産が九七年一月から十一月で計百六十九件、負債総額は三千百五十億円に上り、件数、負債額とも夏以降に急増したことを指摘していた。

こうした危機的な状況を目《ま》の当たりにしたスイス銀行は、長銀そのものより日本の金融システムに対して根本的な不安を持った。スイス銀行の腰が、突然、引けた。

スイス銀行が全面的に支援して速《すみ》やかに実施されるはずだった長銀の二千億円の資本増強計画、株式の持ち合いが実施されず延期された。長銀は総額五千億円の不良債権処理を年度内に行う方針を策定したが、スイス銀行はこの額を倍近い九千二百二十八億円とはじき出し、溝は埋まらなかった。

追い打ちをかけるように十二月八日、スイス銀行はスイス・ユニオン銀行（ＵＢＳ）と合併し、スイス・ユナイテッド銀行（ＵＢＳ）になると発表する。

新たな巨大銀行の誕生を「長銀は発表の一週間前に知らされた」とスイス銀行との交渉担当者は証言する。普段、温厚な紳士の大野木が、珍しく「大変だ。一体どうなるんだ」と狼狽《ろうばい》した。間もなくスイス銀行側から「合弁事業は予定通り」と確約を得られたことに加え、新銀行の人事でスイス銀行出身者が重要ポストを占めたため、長銀内にはやっと安《あん》堵《ど》感が広がった。

しかし、提携解消の噂は消えなかった。

引き続き不良債権処理の遅れも頻繁に話題に上り、株価はズルズルと下がり続けた。

「一緒にできることはありませんか」という大野木の申し出を前向きに検討しようという日本の金融機関は、九七年末の時点でほぼ姿を消した。


九七年十二月二十二日、東京・霞が関の大蔵省二階で、蔵相の三塚博《みつづかひろし》は、全銀協会長で三和銀行（二〇〇二年一月、ＵＦＪ銀行）頭取の佐伯尚孝《さえきなおたか》との会談に臨んだ。

「健全な企業に対しても貸し渋りが生じているとの批判を招かないよう、金融の円滑化という本来の使命を果たしてほしい」

三塚の要請に対し、佐伯は各金融機関に協力を呼びかける考えを明らかにした。直後の会見で三塚は、金融機関の貸し渋りの原因ともなっている翌九八年四月実施予定の早期是正措置の運用弾力化を正式に表明した。

だが、この日、株式市場の平均株価は一万五千円を割り込んでいた。金融機関が抱える株式含み益は一層減少し、大手・中堅生命保険十六社では十一社が含み損となる水準だった。不良債権処理の原資も薄くなるのは必至の状況となり、経営体力低下によって企業への貸し渋りに拍車がかかった。

官房長官村岡兼造《むらおかかねぞう》は午後の記者会見で「貸し渋り対策を強化していかなければならない」と強調したが、平均株価一万五千円割れのショックは大きかった。政府は対策に追われた。

金融システムや景気の先行きに対する投資家の不安心理は増大していた。システム安定化の切り札として政府は「十兆円国債」と「二兆円減税」を打ち出したものの相場の流れは変わらなかった。もう一段の対策を催促する市場との意識は乖離《かいり》したままだった。

三塚・佐伯会談が行われた夜。首相橋本龍太郎は官邸で記者団にこう語った。

「大変懸念している。自信が持てなくなっているのかな」

市場関係者には景気回復に対する悲観論が広がっていた。

不況の中で迎えたクリスマスイブの十二月二十四日。大蔵省は、国内業務に特化した金融機関については早期是正措置による是正命令の発動を一年間猶予することなどを盛り込んだ貸し渋り対策を発表した。九八年三月期決算に間に合うよう関連の省令や通達を改正する腹づもりだった。

「これほどの貸し渋りは予想を超えたものだ。健全な企業が黒字倒産する事態は防ぎきらなければならない」

蔵相の三塚は政府の決意を示した。しかし、金融機関の経営健全化、国際基準に見合った競争という淘汰《とうた》の仕組みづくりを目指す日本版ビッグバン（金融制度改革）に大きく逆行する対策で、事実上の金融改革先送りだった。

## 資金ショート

年が明けた九八年になっても貸し渋りは解消しなかった。各金融機関の三月期決算を危惧する「三月危機」説が急速に高まっていた。

上位都銀からさえも悲鳴が上がった。

「三月期末の平均株価が一万五千円を割ったら、都市銀行の中でも国際業務に必要な自己資本比率の八パーセントに届かないところが出てくる」

株式含み益の急激な減少と間近に迫った早期是正措置の発動。自己資本増強に必死となった金融機関の貸し渋りはとどまるところを知らず、その影響は国内企業ばかりでなく海外にも及び始めていた。アジアの金融センター香港では日刊紙『明報』が、九八年二月九日付の紙面で、香港の不動産関連融資の三分の一のシェアを持つ日本の銀行の貸し出し縮小が目立っており、デベロッパーの資金不足から新規不動産開発にも影響が出始めていると伝えた。

政府は三月十三日の閣議で、金融不安による貸し渋り解消などのため、預金保険機構の金融危機管理審査委員会が先行して承認した第一勧業銀行、長銀、日債銀、中央信託銀行(二〇〇〇年四月、中央三井信託銀行)の大手四行に公的資金三千九百五十六億円を投入することを正式に決めた。

四行以外の日本興業銀行など十七行にも、劣後債発行などによる資金調達に、公的資金を投入することを閣議決定することとされ、申請した大手銀、地銀の二十一行全行に決算期末の三月末までに計一兆八千百五十六億円の公的資金が投入されることになった。

これによって当面の三月危機は乗り越えられることになった。しかし、肝心の貸し渋り解消への効果については、銀行局長の山口公生《やまぐちきみお》も「各行が審査に出した健全化計画で融資態度を改善する金融円滑化の項目があり、金額で示すことは難しいが効果は上がる」と語り、実際に貸し渋り解消の効果が上がるかどうかは未知数だった。

長銀には千七百六十六億円の公的資金が導入されたが、焼け石に水だった。

「マーケットの信用を得るために、とにかく合弁子会社を立ち上げていこう。スイス・ユナイテッド銀行に合弁条件の弾力化や、場合によっては長銀が譲歩してでも立ち上げることを優先させるんだ」

大野木は厳しさが増す市場からの攻勢に対して、こう言って自分を奮《ふる》い立たせた。

スイス・ユナイテッド銀行との合弁子会社立ち上げの優先を決断した長銀は、業務・資本提携の内容で大幅な後退を余儀なくされていた。九八年三月、ようやく株式の相互持ち合いが合意されたが、比率は当初の「発行済み分の三パーセント」から「一パーセント」に引き下げられた。

さらに「ディストレス（破綻）条項」という新たな条件をのまされた。長銀とスイス・ユナイテッド銀行のどちらか一方の株価が三日以上続けて額面を割った場合、もう一方の会社が提携で設立した子会社の経営権を握るという内容だった。株価が下がり続けていた長銀にとっては極めて屈辱的なものだった。

交渉担当者が言う。

「新たなスイス・ユナイテッド銀行の人事はスイス銀行出身者が重要ポストを占めた。でも、東京に限っては合併相手のスイス・ユニオン銀行のほうがスイス銀行よりしっかりした基盤があり、長銀との合弁子会社での主導権争いが激しくなった。その結果、長銀の合弁子会社に対する影響力が当初より弱くなったのは事実だった」

スイス・ユナイテッド銀行との交渉が思うように進まず、その一方で「受け皿会社に移し替えている不良債権の額がかなりある」と手の内をすっかり読まれ、長銀は完全に追い詰められていた。経営不安の噂が流れるたびに金融債の解約が相次ぎ、短期金融市場でも急速に資金調達が困難になった。

首脳陣は四月以降、他の国内金融機関との提携話の進捗《しんちょく》状況などを話し合うため、頻繁に土、日曜日を選んで極秘の会議を開くようになった。

本店十九階の役員会議室に、会長の増沢高雄、頭取の大野木克信、副頭取の須田正巳《すだまさみ》、上原隆《うえはらたかし》、常務の越石一秀《こしいしかずひで》、鈴木恒男、事務方として総合企画部幹部が集まった。

休日のため全員がノーネクタイの軽装。これからゴルフにでも向かうようないでたちだった。

「株価の下がり方がきつい。何とか手は打てないものか」

「提携に応じてくれる先はどうなっている」

これといった妙案は浮かんでこなかった。それまでに持った他行とのトップ会談の結果、交渉に応じてくれるところを探すのが非常に難しくなっていることを大野木ははっきりと認識していた。

株価が、一時、二〇〇円を割り込んだ五月半ば、長銀はいよいよ資金繰りに行き詰まる。金融関係者の間では「長銀は六月末で資金ショートする」との見方が広がっていた。

大野木と総合企画部幹部は長銀本店から目と鼻の先にある大蔵省四階の銀行局を訪ねた。経営支援を要請するためだった。

「資金繰りが相当厳しい状況です。合併も視野に入れてやっているのですが。ご協力をお願いします」

応対した銀行局担当審議官、中井省《なかいせい》の返事は思いのほか冷たかった。

「われわれにできることは全面的に行いますが、合併先などは自身で探してください。どうか頑張ってください」

大野木らは暗澹《あんたん》とした思いで、大蔵省をあとにした。

一ヵ月後の六月二十二日の金融監督庁発足を前に、大蔵省といえども力が入らなかった。一連の接待汚職事件の後遺症もあり、行政サイドも混乱していた。そうした状況の中で、長銀は政界やマーケット、マスコミに翻弄《ほんろう》されることになる。

長銀はあくまで合弁子会社の立ち上げにこだわった。ここで立ち止まれば提携解消の噂が真実味を帯び、マーケットから集中砲火を浴びる。四月十五日には投信・投資顧問子会社の長銀UBSブリンソン投資顧問が、六月一日には証券子会社の長銀ウォーバーグ証券が営業を開始した。

## 先見えぬ不況

首相橋本龍太郎も追い詰められていた。二〇〇一年の日本版ビッグバンを前に、金融機関は外資に立ち向かえる状態ではなかった。橋本は各金融機関に不良債権処理を催促する。

「米国の金融機関は本店を売却してまでリストラに取り組んでいる。主要銀行はそこまでの決意を固め、自らの不良債権の処理に当たっているだろうか」

「早期処理は極めて急ぐべき重要な問題だ。もっと努力してほしい」

徹底した回収処理に努めるよう金融機関に強く要請したが、この姿勢が結果的にはさらに貸し渋りを招き、景気回復にブレーキをかけ続けた。

底知れぬ不況に陥っている日本経済の実態は、倒産企業数にはっきりと示されていた。

帝国データバンクの調査結果によると、九七年の負債一千万円以上の企業倒産は前年比一二・五パーセント増の一万六千三百六十五件で、負債総額は七五・四パーセント増の十四兆二百九億円。負債総額は六四年の集計開始以降、過去最悪を記録。三洋証券や東食など、東証一部上場の大手企業の倒産が相次いだのが主因で、銀行の貸し渋りや事業不振など不況型倒産も急増していた。その他のデータも過去最悪が並んだ。

月別の調査結果も同様だ。九八年一月の負債一千万円以上の企業倒産は、前年同月比二四・八パーセント増の千五百二件となり、一月としては六四年に統計をとり始めてから最悪だった。

二月も前年同月比三〇パーセント増の千五百八十三件、負債総額は四三パーセント増の一兆四百二十九億七千万円とともに急増した。銀行の融資抑制によるいわゆる貸し渋り倒産は、前月比四三パーセント増の六十件を記録し、集計を開始した九七年一月以降、これも最悪となった。

三月の倒産件数は二月よりさらに一四・七パーセント増の千八百十六件、負債総額は同一一二・九パーセント増の二兆二千二百五億一千二百万円。件数は三月としては八四年に次いで二番目に多く、負債額はやはり過去最悪だった。

四月は千七百四十件と、三月より四・二パーセント減少したが、四月としては八四年四月に次ぐ戦後二番目の水準となった。倒産企業の従業員数は、八七年一月の集計開始以来、単月で最悪の一万七千百二十人を記録、昨年七月以降十ヵ月連続の一万人突破だった。

九八年四月七日、衆院大蔵委員会の参考人質疑が開かれた。参考人席には胸に緑のリボンを付けた東京三菱銀行、日本興業銀行など大手九行の頭取がうつむき加減に一列に並んでいた。質問は一連の金融汚職と貸し渋り問題に集中した。

「いたらない点があったことを深く反省する。リストラを進め不良債権の償却を完了し、円滑な金融機能を回復することが最大の経営責任だ。公的資金導入はまことに金融人として残念で、一刻も早く経営の健全性を取り戻したい」（東京三菱銀行頭取・岸暁《きしさとる》）
「貸し渋りに対して懸命に取り組みたい」（三和銀行頭取・佐伯尚孝）
「バブル期の行動に反省すべきことが多かった。不祥事を厳粛に受け止めており、信用回復が最大の責務だ」（日本興業銀行頭取・西村正雄《にしむらまさお》）
「貸し渋り問題でご迷惑をおかけし申し訳なく思っている。貸し出しが中小企業中心に増えるよう指導しており、効果が出つつある」（富士銀行頭取・山本恵朗《やまもとよしろう》）
「精いっぱいの処分をしたつもり。長年の慣行で接待が漫然と続けられており、担当行員は情状酌量の余地ありとして解雇まで考えなかった。金融安定や一兆円の貸し出し余力を得るため一千億円の注入をお願いした。公的資金投入で一兆円の貸し出し余力が生じたので、主に中小企業向けに充てていきたい」（住友銀行頭取・西川善文《にしかわよしふみ》）
　委員席には怒鳴り声と失笑が交錯した。
「抽象的な答弁では困る」「答弁も横並びですか」
　だが、日本を代表する金融機関トップたちの口から出たのは謝罪と弁解ばかりだった。貸し渋りによる企業倒産に歯止めがかかる様子は一向になかった。

## 米国の圧力

不良債権処理や、景気浮揚のための財政出動を求める声が一段と強まった。首相の橋本龍太郎は最重要課題に掲げる財政再建の看板を安易に下ろせず、政策転換もままならなかった。事態は八方ふさがりの様相を呈した。

橋本は、当初、不良債権処理策を七月の参院選後に決めるつもりだった。選挙戦で野党から「ゼネコン徳政令」と攻撃されるのは避けたいとの思惑からだ。不良債権は、建設、不動産業界向けが多く、処理を急げば自民党が票田とする一部の業界を優遇する印象を生みかねない。新たな公的資金の投入がないとの見方が強まると、他の金融機関なども連鎖的に倒産するとの不安心理がくすぶり続けた。

そうした橋本周辺の雰囲気は九八年五月の連休明けに一変する。日本の景気回復が進まないとみた市場では円安が加速。過度の円安にたまりかねて橋本が米大統領クリントンに日米両政府によるドル売り、円買いの協調介入を要請する。

日本経済の回復は五月十五日からの英バーミンガム・サミットでも大きなテーマになっ

た。クリントンは橋本との会談で、日本の総合経済対策を評価しつつも、今後は「金融システムの改革がカギを握る」とくぎを刺した。

米財務副長官サマーズはサミット後に記者会見し、日本経済の回復にとり金融システム改革は「死活的な要素だ」と強調、日本が早急に対応すべき項目として、①行政の金融機関監督強化、②金融機関が抱える不良債権規模などの透明性向上、③証券化を通じた資産流動化、の三点を具体的に挙げ、日本に突きつけた。

これに応えて橋本は、体力の弱い金融機関の破綻を擁護しない考えを示した。金融業界の淘汰《とうた》・再編の時期が近いことをちらつかせて、金融システム再生に向けた決意を海外に伝えることを狙った。さらにテレビ番組の収録で「だめなところは、つぶれてもらわないとしようがない」とも発言、金融機関への強硬な姿勢を崩さなかった。

橋本の強気の発言の余波が収まりきらぬ六月五日、同日発売の講談社の月刊誌『現代』七月号が、長銀の資金繰りが悪化していることや不良債権処理が難航していることを分析したリポートを掲載する。株価は前日比一八円安の一八一円に下落、経営危機説に拍車をかけた。

長銀は「事実無根で信用を傷つけた」と、講談社を相手取って慰謝料の支払いと新聞紙上に謝罪広告の掲載を求める訴えを東京地裁に起こす。これを境に長銀問題が一気に表面化する。ほぼ死に体だった長銀はこの日から四ヵ月間、崩壊への最後の苦しみを味わうことになる。

破綻の引き金となったのは六月九日早朝、スイス銀行と長銀の合弁会社、長銀ウォーバーグ証券株式部に送信された数枚のファクスだった。

ロンドンの本社から届いたファクスには長銀株の売り注文が記載されていた。六月一日から営業を始めたばかりの長銀ウォーバーグ証券は何のためらいもなく、東京証券取引所の取引が始まった午前九時から株を売り始めた。寄り付きで約八十万株、その後の三十分でさらに約六十万株。売却は約百四十万株に上った。

「長銀とスイス銀行の提携は破談になった」

「長銀の経営内容を知るウォーバーグが所有する株を処分したんじゃないか」

通常の企業の一般職に当たる担当職として長銀に入行した木村綾子《きむらあやこ》（当時二五歳）は、長銀ウォーバーグ証券で長銀株が売られるのを見た。木村は長銀入行後、子会社の長銀証券に出向、その後、スイス銀行との合弁で誕生した長銀ウォーバーグ証券に転籍した。

「なぜこんなことになったのか」

客からの注文を取り次いだだけというが、日本の会社だったら考えられないことだった。新会社は「利益を上げることだったら何でもする」が至上命題だった。長銀からの出向者は「これが外資というものか」と思い知らされた。

系列証券会社からの親会社株の大量売りに市場は動揺する。各証券会社もこれに追随した。

株価は午前中に、一時、前日比四一円安の一四〇円まで急落。副頭取の須田正巳は急遽《きゅうきょ》記者会見し、噂を強く否定した。長銀ウォーバーグ証券からの大量の売り注文にも「顧客からの依頼があれば売ったり買ったりするのは当たり前」と平静を装った。しかし、内心はそれどころではなかった。

「不愉快で面白くない」

会見で漏らした一言がそれを物語っていた。風説の流布の疑いで証券取引等監視委員会に調査を依頼したことも明らかにしたが、すべてはあとの祭りだった。

市場関係者は解説する。

「親会社の経営状態に疑念が出ている時に、いくら客の注文といっても売却に待ったをかけるのが系列だ。営業を開始して日が浅く、しかも外資との合弁という性格上、日本の系列企業のようなグループ意識が薄いから造反したのだろう」

屈辱的な「ディストレス（破綻）条項」までのんで実現した長銀ウォーバーグ証券が裏切ったのか。前兆はあった。これより約二十日前の五月十八日、本店二十階の大会議室で部店長会議が開かれていた。百数十人の部店長を前に、銀行全体の資金計画を立てる総合資金部が当面の資金繰りを説明した。

「今後、資金の入りが大幅に減少する見込みで、六月末までに一兆七千億円程度の資金手当てが必要になる」

出席者は色を失った。

「六月末の資金繰りピンチという印象だけが残り、あとで資金繰り破綻の風評が流れた」

という。

株価下落と経営危機説に長銀側も手をこまねいていたわけではない。内部では海外業務からの撤退や新たな公的資金導入など、必死に生き残り策を探っていた。大蔵省、日銀は資金繰りを支援し、金融システム安定のため万全の対応をする腹づもりでいた。

## 底つく資金

しかし、市場は情け容赦なかった。この間も株価は下がり続けた。ヘッジファンドがターゲットにしたとの噂も流れた。九八年六月十八日には一〇〇円近くに急落する。

「株価の下落は残念だが、自力でやっていくしかない」

大野木克信は打つ手のない苦悩を漏らした。以前二八二〇円をつけたこともある長銀株は、スイス・ユナイテッド銀行との提携解消の噂が先行し「投資家のおもちゃ」にされ続けた。

苦悩する経営陣の姿に対して一般行員の目は厳しかった。鈴木陽一《すずきよういち》（当時二六歳）は、九八年六月以降の経営危機の際、本店の中枢部門である企画グループにいて、落城の過程を経験した。住友信託との合併へ向けた協議入りが発表されたあとも、株価は持ち直さず、さらなる生き残り戦略が模索されていた夏のある日、上司を通じて取締役会の議事録に目を通す機会があった。鈴木はそれを見て衝撃を受ける。

「この時期の取締役会といえば、生き残りをかけて経営陣がさまざまな意見を出し合い、喧々囂々《けんけんごうごう》、熱い議論が闘わされているとばかり思っていました。それが全くそうではなかった」

特に代表取締役の会長や頭取らトップクラスは何の意見も示そうとはしなかった。総合企画部が作った案ばかりがその場で説明され、重要な経営方針はすべてそれに則して決められていた。

「今の長銀を動かしているのはトップではない。企画部周辺にいる数人の人たちだ」

鈴木は経営実態の真相を垣間見た気がした。

この間、七年ぶりに一ドル＝一四〇円台に進んだ為替相場は一進一退を続けた。円安圧力にたまりかねた首相橋本龍太郎は、六月十七日、米大統領クリントンに電話する。協調介入への合意を取りつけることには成功したが、橋本は代わりに、目に見える形の不良債権処理を約束させられた。内容は、不良債権処理でこれ以上は言わせるな、というクリントンの最後通告の意味が込められていた。

さらに翌十八日には米財務副長官サマーズが来日。ニューヨーク連銀総裁のマクドナーのほか不良債権処理実務に精通した民間の金融専門家が同行した。その夜、大蔵省財務官の榊原《さかきばら》英資《えいすけ》と会い、翌十九日午後には自民党幹事長の加藤紘一《かとうこういち》、政調会長の山崎拓《やまさきたく》らと精力的に会談する。

「まず景気を刺激し、その上で財政再建をするのがいい」

「包括的行動プログラムの実行を期待する」

サマーズは会談の中で、日本が数週間以内に対策を打ち出さない場合、円相場は日米協調介入前の水準に戻るとも警告する。協調体制見直しをちらつかせ、恫喝《どうかつ》にも似た厳しい姿勢だった。一ヵ月後に蔵相となる自民党金融システム安定化対策本部長の宮沢喜一にも会い、多少の痛みを伴ってでも不良債権問題ではっきりした処理策を出すよう重ねて要望した。具体的な銀行名は出さなかったが、長銀や日債銀を念頭に置いての発言だった。

宮沢・サマーズ会談
（98年6月19日）

「金融再編問題についてきちんと手法を決定したい」

加藤紘一は日本が本格的対応策を打ち出す考えを表明し、七月十二日の参院選投票日前までに具体策をまとめる方針を伝えた。

しかし、サマーズは納得せず、日本の政策決定が遅いことへの不満を再度表明。加藤は「選挙休戦することなく、選挙中にも政策を出す構えでやる」と説明し、山崎拓も「さらに強力な不良債権対策をやる」と言明した。

米財務副長官サマーズが自民党有力者と会談していた六月十九日午後、共同通信が「長銀、自主再建困難」との記事を速報する。記事は同じく不良債権を抱えていた日本債券信用銀行（日債銀）との合併を視野に入れているという内容だった。この日の株価はついに一〇〇円を割り込み、一時は前日終値に比べて三一円安の九五円まで値下がりした。情報の発信元は政界筋と言われた。サマーズが日本にいる間に揚げた不良債権処理のアドバルーンともみられた。

長銀の総合企画部幹部が打ち明ける。

「長銀とすれば、日債銀との合併は極論すれば共倒れになることに近いわけだから乗るわけにはいかない。だが、マーケットでそういう話が登場して、それを否定するという形になるわけだから、さらにたたかれることになり、一段と資金繰りが厳しくなった」

報道された直後に副頭取の上原隆が東京・兜町《かぶと》の東京証券取引所で記者会見した。「重大な局面ではなく、日債銀との合併はない。収益力、財務体質は着実に改善している」スイス・ユナイテッド銀行との提携も「全体として計画は順調に進んでいると思う」と語り、噂の火消しに躍起となった。日債銀も「事実ではない」とするコメントを発表し、蔵相の松永光《まつながひかる》は「そういうことはないと聞いている」と否定、資金繰りに不安があるとの見方を「不安があるかどうかも含めて私は聞いていない」と打ち消していた。

複数の大蔵省筋も「政府としてあずかり知らない」「この先一ヵ月はしっかりした資金計画ができていると分析しているし、流動性は全く心配ない」とそろって強調したが、信用不安を消すことはできなかった。六月上旬に一兆円あった余剰資金は、そのままでは月末に底をついてしまいかねないほどに追い込まれた。

## 最後の賭け

日比谷公園を見下ろす長銀本店十九階の頭取室。頭取大野木克信は共同通信の速報を見ながら決断した。

「これしかないな」

電話で側近を頭取室に呼び込んだ。

「住友信託銀行に合併を打診してみてくれ。ご苦労だが、よろしく頼む」

未完に終わった住友信託との合併交渉劇は、こうして幕を開けた。長銀は最後の賭《か》けに出た。

大野木が住友信託を合併相手に考えたのは、突然の思いつきではなかった。そこに至るまでには、両行の企画畑を中心とした幹部による親密な付き合いが伏線としてあった。話は約十五年前にさかのぼる。

七〇年代までの日本では、証券会社が社債を発行できる企業を選別、調整していた。「Aaa」などの表記で元本や利子の支払いの安全度を投資家に分かりやすく示す米国式の格付けが発達していなかった。八〇年代に入っての資本市場の拡大や社債の無担保化の進展を受けて、日本でも米国のような民間の格付け会社を設立する必要性に迫られた。

そこで八五年四月、長銀と信託銀行、生命保険会社のグループによる日本格付研究所と興銀、日債銀、都銀、証券会社のグループによる日本インベスターズサービス（九九年四月、日本格付投資情報センター）がそれぞれ設立される。この時、日本格付研究所の設立に向けて信託銀行サイドの取りまとめ役を務めたのが住友信託だった。両行の幹部同士の交流が始まる。

当時を知る長銀幹部が話す。

「住友信託は住友グループの中で新たな展開を図りたいという希望があった。長銀としてもすぐに住友信託と合併することはなかったとしても、同じ長期金融機関の仲間として一緒にやれることはないかという話を、非常にマイルドな形で進めていた」

その話が両行の親密度が増した九二、三年ごろ、実際に合併を視野に入れた事務レベルの勉強会に発展する。大野木が企画担当専務の時代であり、のちに住友信託社長となる高《たか》橋温《はしあつし》も常務として一枚かんでいた。

長銀内部では事業推進部が設立されるなど、不良債権問題が既にクローズアップされていた。一方、金融自由化の進展により、金融債を発行して長期資金を企業に貸し付ける従来の長期信用銀行のあり方では生き残れないとの危機感も渦巻いていた。大野木が頭取になって取り組まなければならなかった二つの問題は、この時期から長銀に重くのしかかっていた。

勉強会について長銀総合企画部OBは「お互いの中身をもう少しさらけ出してみようじゃないか、ということで、企画部の担当者同士が財務資料を持ち寄って検討した」と話す。

住友信託にも事情があった。同じ住友グループに強力な住友銀行（二〇〇一年四月、三井住友銀行）がある。住友信託の企画担当者は説明する。

「グループ内で住銀と並んで生きていくには、融資中心のバンキング業務だけでなくもっといろいろ強化しなければならなかった」

そのためには二つの考え方があった。一つは、信託業務を持っている都銀の大和銀行（二〇〇三年三月、りそな銀行）まで含めた三菱、住友、三井、安田など信託銀行の大連合。もう一つは、それぞれの信託銀行が同じ財閥系の都市銀行と密接な関係にあることを考慮し、もっと中立的な銀行と組むことだった。住友信託の担当者は続ける。

「興銀ではこちらがのみ込まれてしまう。その点、長銀ならお互いに業界ナンバー2で組みやすい。合併すればトップの座が奪える可能性が出てくる」

結局、この話は合併に向けた具体的な交渉に入る前に立ち消えになった。

「合併したら住友の名を外すことはできますか」

長銀側の問いに、住友信託担当者はこう答えた。

「そこまでは無理ですね」

住友信託サイドには「住友」の看板を捨ててまで合併するほどの思い入れはなかった。長銀もその当時は強気だった。

「第一勧銀や富士銀行をはじめとする都銀、日本開発銀行といった政府系金融機関など、連携する可能性はいろいろ考えられる。住友信託だけが唯一の相手というわけではない」

頭取の堀江鉄弥をはじめとする当時の経営陣は、住友信託の対応にこんな反応を示したという。経営陣はまだ、のちに不良債権に押しつぶされるなどとは夢にも思っていなかった。

六月十九日、大野木の指示を受けた側近の行員は以前から親しかった住友信託の担当者に電話を入れた。

「合併を検討してもらえる可能性はどうか」

翌二十日、住友信託から待望の返事が返ってきた。

「検討の余地はあります」

日曜日で人気のない十九階の役員会議室。二十一日午後三時すぎ、いつもの六人が集合した。

「このままでは月末にも資金繰りが行き詰まるかもしれない。できれば住友信託と合併して、この難局を乗り切りたいと思う」

大野木がこう切り出した。

この会議で、大野木は合併の四条件を他のメンバーに伝えた。

①経営権は全面的に住友信託に委譲する。

②長銀の名前は消えても構わない。

③役員の任命は住友信託に一任する。

④長銀行員の雇用と金融システムの安定を守りたい。

一夜明けた二十二日の午前九時、大野木は住友信託社長の高橋温に、直接、電話を入れた。

「経営全般、銀行名、役員人事をすべてお任せする。行員と金融システムの安定を守りたい」

高橋は「誠意をもって検討してみます。とりあえず事務方に」と答えたという。大野木は「できれば一週間以内でお願いできませんか」と畳みかけた。

大野木は高橋に電話した二十二日の午後、大蔵省審議官の中井省を訪ね、住友信託と合併交渉に入ったことを伝えた。

「それはよかった。大蔵省としても全面的に協力する」と中井は顔をほころばせた。

「長銀、住友信託と合併交渉入り」の朗報は、すぐに蔵相松永光に伝えられ公的資金による資本投入を含む支援態勢が、大蔵省、日銀、この日発足した金融監督庁との間で組まれることになった。

時間がないことは、両行とも分かっていた。二十二日以降、企画部を中心とする両行のメンバーが、合併の条件を詰めていった。睡眠時間はないに等しかった。交渉に当たった住友信託幹部は言う。

「経営はどうするとか、銀行名はどうするとか、本当に基本的な、住友信託がのめる条件になることの確認作業が続いた。長銀には資産内容を公開して、できる限り不良債権を処理してからきてほしい、とお願いした」

その間も長銀周辺では合併報道が浮かんでは消えた。「第一勧銀との合併」「第一勧銀、大和銀行との三行合併」「日本開発銀行との合併」と次々と噂が持ち上がり、その都度、当事者や政府、自民党筋が慌てて打ち消す局面が数日間続く。

交渉入りから三日後の六月二十五日の長銀株主総会で、大野木は「合併を含めあらゆる選択肢を探る」と初めて公式に合併について言及する。

しかし、株価はこの日、一時、五〇円と額面まで下落し、経営を取り巻く環境は急速に悪化した。経営陣は自力再建をなおも模索する一方で、九七年九月から九八年四月までの間に辞任した前副頭取の鈴木克治ら役員十二人の退職金支払い議案を取り下げ、株主に理解を求めた。


二十五日に公示された参院選でも不良債権問題が争点になった。橋本の脳裏に八九年の参院選の敗北がよみがえった。幹事長として采配《さいはい》を振るったが惨敗しただけに、今回は雪《せつ》辱《じょく》戦だった。

「あの時から日本の政治は不安定になった。政治を安定させたい」

単独過半数回復に強い思いがあった。

橋本は都内のJR四ツ谷駅前で第一声を上げ、「金融機関の抱える不良債権問題に真っ正面から取り組む。選挙中も話し合い、できるだけ早く結論を出そうと努力している」と焦点の経済・金融対策に関して政府、自民党の取り組みをアピールした。

民主党代表菅直人《かんなおと》は、ＪＲ新宿駅東口で「自民党が勝ったら日本売りが殺到する。氷山の間で日本丸は音を立てて浸水を始めている。橋本首相は失格だ」と、当時、大ヒットしていた米映画『タイタニック』にたとえ、政権交代を主張、破綻銀行の国有化などの対案を訴えた。

橋本は七月八日に最終決定する段取りだった公的ブリッジバンク（つなぎ銀行）設立を柱とする不良債権処理案を予定より約一週間繰り上げ七月二日に決定する。サマーズは自ら仕掛けた圧力の成果が上がったとして米国のテレビで処理案を評価した。

「日本はようやく強力な政策をとる重要性を認識するようになった」

しかし、処理案は中小の金融機関破綻を想定しており、もともと実現性はなかった。

「マスコミが動いている」

住友信託の株主総会は翌二十六日午前に開かれた。その数時間前、合併交渉を進めていた事務方にこの情報がもたらされた。

住友信託は経営会議を終えた二十六日夕方から二十七日未明にかけて発表の段取りを最

終調整し、二十七日中に東京・中央区の日銀記者クラブで合併交渉入りを発表するつもりだった。

住友信託が株主総会を開いている間にも、複数の別のマスコミが感づいて動き出していた。東京・内幸町の長銀本店と大阪・北浜の住友信託本店の間で慌《あわ》ただしく電話がやりとりされた。

長銀が切り出す。

「もうもたない。今日中に会見せざるを得ない」

「分かった。どう答えるんだ」

「何か言わなければならないだろう。そんなことはありません、なんて全面否定するわけにはいかない」

住友信託が念を押した。

「会見はしましょう。でも、合併を決めたとは言えない。合併に向けて交渉を始める、ということで了解してほしい。大野木さんと高橋の会見も別々でよろしいですね」

長銀担当者は条件をのんだ。記者会見の内容について話し合ったのはそれだけだった。

大野木と高橋が記者会見で何を話すか、すり合わせはほとんど行われていなかった。

## 合併ならず

二十六日午後一時。大阪・北浜の住友信託本店二階にある役員会議室では、午前中の株主総会を終えた常務以上の役員十五人が、臨時経営会議に出席するため顔をそろえた。社長の高橋温が切り出した。

「長銀から合併の申し入れがありました。皆さんの考えをお尋ねしたい」

住友信託にとって、長銀との合併は表向きは好条件の話だった。合併した場合の総資金量は四十八兆円となり東京三菱銀行に次ぎ国内第二位。住友銀行の三十五兆円を大幅に上回ることになる。世界的な銀行のスイス・ユナイテッド銀行との合弁で設立した長銀子会社に認められている投資銀行業務も手にすることができる。

会議は約二時間続く。議論は「長銀の資産内容をどう判断するのか」にほぼ絞られる形となった。その間、日銀総裁の速水優《はやみまさる》や大蔵事務次官の田波耕治《たなみこうじ》から「ぜひ合併交渉をまとめてほしい」と頻繁に電話が高橋にかかり、会議はそのつど中断する。

「不良債権がいくらあるのか分からない銀行と合併して大丈夫か」

「不良債権を全額引き受けるつもりか」

会議のムードは、必ずしも賛成一色ではなかったという。高橋は言い切った。

「存続するのはこちら。長銀からは正常債権しか買い取らないから大丈夫。経営が危ぶまれる長銀の系列ノンバンク処理は、合併前に長銀自身にやってもらう」

住友信託の幹部が打ち明ける。

「あんな短期間に住友グループ内で全面的に根回しができるはずがない。しかも、高橋さんは四ヵ月前の九八年二月に社長に就任したばかり。行内の組織を完全に掌握している状態ではなかった。だから、経営会議の席でも記者会見でもあのような強いトーンを打ち出さざるを得なかった。そこに合併に対する長銀との温度差があると受け止められる原因があったかもしれない」

住友信託の臨時経営会議が合併交渉入りで合意した六時間後の午後九時、高橋は人いきれとテレビの照明で熱気にあふれた日銀記者クラブにいた。高橋は「合併に向けて検討を始めた」と発表したあと、それまでの段階で長銀と確認していた条件を明らかにした。

「商号は住友信託銀行以外にはないと考えている。存続銀行も住友信託だ。経営権も住友信託に一本化する」

報道陣から長銀の不良債権に関する質問が飛んだ。

「不良債権の内容は把握しているのか」

「していない」

「資産内容が分からないのになぜ合併を前向きに検討できるのか」

「正常債権しか引き取らない前提があるからだ」

「そんなことで果たして合併が可能なのか」

詰めかけた報道陣の中に、合併交渉の先行き懸念が早くも広がった。

大野木は、高橋の一時間後に会見場に現れた。

「ビッグバンに向け、前向き、真摯《しんし》に対応していこうという合意ができた。あくまで両行の強みを生かした合併と認識している。長銀は債務超過ではなく、関連会社についても必要な処理はすべて終えている。今後の不良債権処理は体力の中でやっていける」

あくまでも通常の合併であることを強調した。

「不良債権は引き受けない」という住友信託。「体力の中でやっていける」という長銀。時間不足で会見内容を事前に詰めきれなかった結果、合併交渉が抱える爆弾があらわになってしまった。

「本当はお互いの株主総会が終わった二十七日の土曜日に発表するはずだったんだ。それが一部のマスコミに嗅《か》ぎつけられてしまって仕方なかった。系列ノンバンクを含めた不良債権については、住友信託側から可能な限り処理してきてほしいと言われただけ。具体的な話はしていない。もう一日、段取りをすり合わせる時間があったらなあ」

住友信託との合併交渉入り発表から一週間が過ぎた九八年七月初め、交渉に当たった長銀の幹部行員の一人がそう悔しがった。

会見の三日後の六月二十九日、両行のトップが加わった合併検討委員会が発足する。事務局には、大野木と高橋の信任が厚い企画部担当者らが引き続き当たった。

住友信託との合併交渉入りを発表した直後の部店長会議で、大野木は「それぞれの段階でベストの判断をしたつもりだが、結果として今日の事態を招いた最大の責任者は私。責任は決して回避しない」と合併実現に向け強い口調で訴えた。

検討委員会が動き出した七月上旬のある夜、午後十一時を過ぎていただろうか。銀座のバーで水割りを口にしていた長銀首脳が、突然、怒り始めた。

「そんなことを言うなら、おれはもう帰る。不愉快だ」

この首脳は困難な交渉の経緯を熟知し、事務局の苦労をよく知る立場にあった。突然、怒りだした原因は、一緒に店に来た大学の同窓生が何気なく問いかけた一言だった。

「なんだかんだ言っても、結局は長銀の解体じゃないのか」

「おれたちは名前になんかこだわってない。日本に全く新しい金融機関をつくるんだ。投資銀行業務でも信託業務でも融資業務でもできるんだ。世界有数の金融機関とも連携している」

首脳はさらにまくし立てた。

「実はもう、東京のある都銀と将来の合併の話を始めているんだ。金融持ち株会社をつくって、大和証券にもグループ入りを呼びかけるつもりだ。だから、解体でも住友信託による救済合併でもないんだ」

## 金融検査始まる

七月十二日の参院選で自民党は前回より十六議席を減らす大敗を喫し、首相の橋本は辞任に追い込まれる。日本の有権者の答えは「ＮＯ」だった。『ニューヨーク・タイムズ』

紙は「日本の有権者の反乱」と題する社説で「橋本の辞任は、過去二年半にわたる経済失政の結果として当然であり、日本の有権者もついに堪忍袋の緒が切れたようだ」と酷評。橋本の金融再生は幻の計画となってしまった。

指針のないまま金融監督庁は九八年七月に入ると大手行の金融検査を開始する。長銀には十三日に着手した。九八年三月期決算で長銀が行った資産の自己査定の正確性を確認、同行が抱える不良債権を精査するのが狙いだった。検査権限を監督庁に委譲した大蔵省は、合併に好都合な数字がまとまると期待した。

住友信託も独自に動く。長銀の資産内容を把握するため、監査法人アーサー・アンダーセン、岩田合同法律事務所など外部の専門家に債権の精査を委託した。これまで第一分類(正常債権)、第二分類(要注意債権)とされた債権について、回収リスクをあらためて検討し、住友信託が引き取る債権を確定、本格交渉の際の住友信託側のたたき台をつくるためだった。

住友信託の調査結果は最後まで明らかにされなかったが、監督庁の結果は最終的に長銀に債務超過の烙印《らくいん》を押すことになる。

「監督庁の検査は長銀を支えようという姿勢ではなく、破綻を前提にしていた。可能な限り厳しく査定された感じだ」と、自己査定を担当した幹部は不満を口にした。

検査が始まってまだ間もない七月のある日、本店の一室で融資先の貸出残高の流れや担保、利息を記録したラインシート（貸出金調査票）に目を通していた監督庁の検査官は「なぜここが正常先になっているのか」とリスク統轄部の幹部に尋ねた。

見せられたのは、川崎製鉄の子会社、川鉄リースに対する資料だった。「業績は落ちていますが、親会社はあの川崎製鉄ですよ。貸付金が返ってこないなんてことはあり得ないでしょう」と気軽に答えた。

検査官は厳しい目つきになった。「私もそうは思いますよ。ただ赤字決算になっている年がありますよね。基準からいうと要注意先になる」

「担保もちゃんと取っています。貸付金は必ず回収できますよ」

「基準は基準です。要注意先ということで、貸出債権は第二分類ということにします」

川鉄リースに対する融資残高は七百億〜八百億円に上っていた。それが丸ごと第一分類から第二分類に落とされた。青ざめた幹部はなおも食い下がった。検査官は譲らず、結局、それに従うしかなかった。

自己査定で第二分類としていた日本リースに対する貸し付けも問題となった。長銀は、系列ノンバンクや不良債権受け皿会社への債権を甘く査定する長銀独自の分類である自己査定運用細則を九七年十二月に作成し、関連会社を三つに区分けして査定していた。日本リースはその中で経営支援実績先に指定し、一般的には要注意先に当たる第二分類債権として扱っていた。

検査官は追及の手を緩めなかった。

「経営支援実績先などという債務者区分は存在しない。こういう査定の仕方はおかしい」

「それは確かにそうですが、日本リースは経常赤字にもなっていないし、時間はかかるかもしれないが、必ず貸付金は返せるものと考えています」

だが、検査官の「返済には何年かかるのか」との質問には「うーん」と考え込み、「二十年ぐらいはかかるのかもしれません」と力なく答えた。

厳しいやりとりが交わされたのち、検査官は言い渡した。

「それではやはり第二分類というのはおかしい。担保設定の状況を見た上で基本的に破綻懸念先ということで第三分類ということにします」

幹部は「いや、日本リースは長銀が支える限りつぶれることは決してありません。それは大蔵省検査でも認めてもらっていたんですよ」と反論したが、検査官は「大蔵省はどうだったか知らないが、われわれはわれわれのやり方でやります」と突っぱねた。金融行政が大きく動き始めていた。長銀側はそれに気付いていなかった。

監督庁にはここまで言う理由があった。この時、既に「長銀が支えるからつぶれることはない」といった理屈はだれが聞いてもおかしなものになっていた。株価は額面割れ寸前になっており、銀行間で資金のやりとりをするコール市場からの資金調達はままならず、日々の資金繰りは綱渡りの状態が続いていた。長銀そのものが破綻の危機に瀕《ひん》していた中での検査で、今までと同じような理屈は通らなかった。

一般債務者についての査定も甘いと指摘された。九八年四月から導入された銀行による資産の自己査定について、大蔵省は、九七年三月、通達を出した。その中で「破綻懸念先」と認定する条件として「実質債務超過の状態」「業況が著しく低調」「貸出金の返済が延滞状態」の三つを挙げていた。

監督庁はこのうち一つでも当てはまれば破綻懸念先に当たるとの判断だった。長銀は三条件すべてを満たした場合、と甘く解釈していた。監督庁は最終的に次の二点を指摘した。

①自己査定の分類基準が当局の基準と比較して合理性がない。

②個別案件の分類で債務者区分に不適切なものがあった。

監督庁は「通達を勝手に拡大解釈して債権を甘く査定していた」と結論づけた。

一事が万事、この調子だった。長銀は自己査定を三次に分けて行ったが、最終チェックをする三次査定がやり玉に挙がった。一次査定は営業部や融資部など現場部門が行い、二次査定は、通常の融資先は審査部で、系列ノンバンクや不良債権受け皿会社などの関連先は事業推進部が行った。最終の三次査定はすべてリスク統轄部が担当した。監督庁はこの三次査定についても「厳密な審査が行われておらず、甘いと言わざるを得ない」と指摘した。

当時のリスク統轄部の幹部は、査定が形骸化《けいがいか》していたことを認める。

「確かに言われてみればその通りだった。三次査定といったって、実際は五人でわずか二週間ぐらいでやらなければならず、膨大な融資のすべてをチェックするなんてできるわけがない。特に関連会社については事業推進部が把握しており、数字を見たりするだけの形式的なことしかできなかった」

一般融資先についても関連融資先についてもことごとく見直され、結果として不良債権額は膨大なものに膨れ上がっていった。長銀側の不満は頂点に達していた。

検査に立ち会った長銀幹部は言う。

「原理原則に従って言えば、検査官の言うことはもっともですよ。けれども、行政の一貫性というのはどうなってしまうんですか。大蔵省の検査では認めておいて、監督庁になったからといってやり方を百八十度転換してもいいものでしょうか。彼らもサラリーマンだから、あとで検査が甘かったと責任を追及されたくないのは分かるが、水に落ちた犬はたたけと言わんばかりのやり方は納得いかない」

検査が進む間も長銀の株価は下がり続けた。七月二十二日には、終値でもついに額面割れの四九円となった。

「市場でのさまざまな噂が理由。当行の資産状況は債務超過でなく、資金繰りについても十分な流動性を確保しており全く問題ない」

長銀はこのコメントを発表するのがやっとだった。

スイス銀行との提携で再建するという青写真も後退を始めていた。しかし、合併でできたスイス・ユナイテッド銀行はじりじりと長銀から距離を置き始め、長銀は次第に孤立化していった。合弁による証券会社の長銀ウォーバーグ証券と投資顧問会社の長銀UBS投資顧問は八月十日、顧客あて文書や社員の名刺に使うブランド名から長銀の名を外した。

監督庁は検査結果をなかなか通知しなかった。長銀側のいら立ちは募った。大野木は八月二十一日に自らの退任を含む大リストラ策を発表したが、その前後に監督庁から検査結果が通知されると予想していた幹部も多かった。だが、通知はこなかった。

「何かまずいことでもあったのか。債務超過になっているのか」

「そんなことがあるはずがない」

そうささやき合う声が行内のあちこちで聞かれた。

検査に立ち会った前出の幹部は証言する。「検査は八月中に終わっていたはずだ」

株価がずるずると下がり金融債の解約も続く中、検査が長引けば長引くほど、資産の劣化に伴い損失額が拡大していくことはだれの目にも明らかだった。監督庁は、八月十九日、いったんは債務超過ではないとの判断を固め、検査結果を長銀に示そうとした。

債務超過でないとのお墨付きは、政府、自民党にとっても、住友信託との合併を円滑に進めるために、公的資金の投入を実行できる条件が整ったことにほかならなかった。だが、事態はもはや長銀内部の事情からは離れていた。

## 政治の介入

参院選大敗で引責辞任を表明した橋本龍太郎の後継自民党総裁選には、前官房長官の梶《かじ》山静六《やませいろく》、厚相小泉純一郎《こいずみじゅんいちろう》、外相小渕恵三《おぶちけいぞう》の三人が立候補した。七月二十三日の立会演説会でも、三候補は独自の経済政策を前面に押し出した。

梶山は「今日的課題は不況脱却と景気回復であり、根幹は金融の不良資産の解消だ。政府、与党は対策を講じつつあるが、公金を投入する以上、経営、行政責任追及は当然だ。金融不安で産業界が犠牲を受けないよう、新しい産業立国を目指す」と訴えた。

小泉は「橋本内閣の路線で引き継ぐべきものと、大胆かつ柔軟に捨て去るものを選別する。長期的には財政再建が必要だが、財政構造改革法を廃止してでも打つべき手は打たなければならない」と橋本の経済政策を批判した。

小渕は「内政での課題は日本経済の再生で、絞れば景気対策だ。金融機関の不良債権を処理しても必ずしも実体経済が良くならないところに難しさがあり、六兆円の恒久減税、十兆円の追加補正予算を効果的に活用すれば明るい展望が開かれる」と橋本路線を継承しながらも独自路線を強調した。

「軍人、変人、凡人」の闘いと揶揄された総裁選は翌二十四日に行われ、小渕が過半数を十九票上回る二百二十五票を獲得、決選投票に持ち込まれることなく一回目の投票で決着した。三十日の首相指名選挙では、衆院が小渕、参院が民主党代表の菅直人と指名が分かれ、両院協議会でも合意しなかったため憲法の規定に従い小渕が首相に就任した。

経済問題への力量が未知数とも言われた首相の小渕は蔵相に宮沢喜一、経済企画庁長官に堺屋太一《さかいやたいち》を起用、不良債権問題に取り組む。小渕は、八月二十日夜、住友信託社長の高橋温を首相官邸にひそかに呼んだ。蔵相の宮沢、官房長官の野中広務《のなかひろむ》、金融監督庁長官の日野正晴《ひのまさはる》が同席する。

小渕は頼み込んだ。

「前向きに検討している、という記者会見を開いていただきたい」

宮沢も九月中の合併基本合意を促した。

「政府は全面的にバックアップしています」

高橋は即答を避けた。

「長銀はだいぶ傷《いた》んでいるのではないですか。会社に損害を与えるわけにはいきません」

合併交渉が発表された六月二十六日から、大型合併につきものの株価上昇は見られなかった。逆に住友信託の株価は発表前日の六六八円からこの日の四三九円へ急落。株主からの苦情も殺到し、長銀の救済どころか自分のところが危なくなっていた。

高橋はこうした状況を説明し、首を縦に振らなかった。

明かりの消えた首相官邸の裏口を、秘書の懐中電灯を頼りに辞す高橋の胸の中では「長銀の不良債権に押しつぶされる」という思いが、確信に近いものとなった。

監督庁の検査結果の通知がこないまま長銀は、二十一日、日本リースなど系列ノンバンク三社向けの債権五千二百億円の放棄や、大野木ら経営陣の総退陣、海外約二十拠点からの全面撤退などのリストラ策を正式に発表し、自己資本減少を補うため、八月中にも公的資金の注入申請をすることを明らかにした。

リストラ策を発表する記者会見で大野木は「金融界の激動の中で株価が下落するなど、経営全般についてご迷惑をおかけした。申し訳ない」と謝罪し、言葉を詰まらせた。経営が悪化した原因を大野木は「バブル期の不良資産が積み上がってしまった」と分析し、「投資銀行部門が花を咲かせる前に市場の厳しい評価を受けた」と敗北を総括。その上で

「その時点では右肩上がりの経済が続くと判断した結果だった」と見通しの甘さも認めた。

政府・日銀は公的資金の投入や、万一、資金繰りに支障を来した場合には日銀特融を実行することを明かすなど、リストラ策への援護射撃を忘れなかった。監督庁幹部は「過去に例のない大手銀行の破綻が起きれば、日本にとどまらず世界にも大きな影響を与えかねない」と説明した。


長銀への新たな公的資金注入の動きは、国会で野党側を勢いづかせた。国会でタブー視されていた長銀問題追及の声が一気に噴き出した。長銀は九八年三月に千七百六十六億円の資金を注入されたばかりだ。これは「健全銀行に限る」とした公的資金の投入原則を崩すことになる。

系列ノンバンクやペーパー会社に不良債権を移してきたバブル期の乱脈経営のつけを、公的資金で穴埋めするのは公序良俗に反するという批判が噴出した。大蔵省の護送船団方式に守られ、放漫経営で失敗したら国に助けを求めるという銀行界のこれまでの体質が公の場で糾弾され始めた。

首相の小渕は八月二十七日の衆院金融安定化特別委員会で、金融システム安定のため長銀処理のソフトランディングを主張し「何としても問題を解決せねばならない」と述べ、公的資金による資本注入で住友信託との合併を支援する決意を表明した。

蔵相の宮沢は「公的資金を投入しなければ破綻する」と住友信託との合併を政府が支援しない場合、長銀の経営破綻は避けられないことを口にした。宮沢の答弁は公的資金投入方針に理解を求めたものだった。

宮沢の思惑とは裏腹に個別銀行の破綻可能性に異例の言及をしたことは、火に油をそそぐようなものだった。八月三十一日の委員会に大野木克信、日本リース社長の岡本弘昭《おかもとひろあき》、日本ランディック社長木村栄二郎《きむらえいじろう》、エヌイーディー前社長中島省吾《なかじましょうご》の四人が参考人として呼ばれる。

「現時点で保有する株式の含み損は三千五百億円程度で、債務超過ではないとの感触を得ている」

大野木は懸命に説明した。しかし、戦後日本の高度成長を金融面から支えたエリートの意識、あるいは行風がそうさせるのか、大野木らの答弁は木で鼻をくったように素っ気ないものに受け止められた。海千山千の政治家たちには許し難い姿に映った。

救済が目的だったはずの参考人招致はあたかも糾弾集会の様相を呈した。

自民党内からでさえ批判の大合唱が起きた。公的資金投入に向けた環境づくりは好転するどころか悪化の一途をたどる。総務局長の尾身幸次《おみこうじ》は「大野木ら長銀の姿勢に反省、謙虚さが全く見られない。公的資金投入は国民の理解が得られない」と述べ、行政改革推進本部長の武藤嘉文《むとうかぶん》は「ぜいたくな厚生施設がたくさんある。頭取の答弁態度も良くない」と強い調子で長銀側を批判した。

政治を舞台とする論争はさらに続く。債務超過の金融機関に対しては、公的資金を使った資本注入はできない。野党は執拗《しつよう》に追及した。

「長銀は債務超過ではないか」

「破綻しているのではないか」

宮沢は「日銀もそうではないと言っているし、金融監督庁も言っている」と答え、公的資金投入が破綻回避の目的ではないと再三繰り返した。

野党側は納得せず、追及を続ける。監督庁長官の日野は九月十日の委員会で「資産がどの程度目減りしているか、今、検査している」と説明、状況は債権の劣化の程度によって流動的との見解を示し、従来の見方を微妙に後退させた。

この間、自民党の若手議員の一部が独自の動きを見せたことも、事態を複雑にした。政策新人類とも呼ばれた議員は、長銀問題を不透明な処理で終わらせることに反対し、野党側の主張に足並みをそろえて執行部を追及した。

政府、自民党は九月に入って野党との協議を待たずに現行の金融安定化法に基づき政府として独自に決断、公的資金の導入を実行に移す方針を固める。膠着《こうちゃく》した政治状況を中央突破する作戦だ。その一方で、野党側に歩み寄りも見せ始める。

九月十四日、宮沢は長銀の株式を国が買い取り公的管理するという野党側の提案に、一般論として「銀行が国に株式を買ってくれという場合、法律的な対応は考えることができると思う。ただ各党が折衝している問題なので私の立場としては言いにくいが、理解はできる」と述べ、前向きな姿勢を示した。

公的管理はあくまで「破綻前」が前提。破綻を避けるための最終手段だった。この点で、野党側の「長銀は債務超過だ」という主張に歩み寄るのは難しいとみられた。

長銀延命を図る自民党、大蔵省側は、大手スーパーや百貨店、クレジット会社など上位融資先企業名のリストを野党に流し「破綻させれば連鎖倒産も予想され、日本経済への打撃は計り知れない」と脅しをかけた。

自民党は九月二十二日になって、「特別公的管理（一時国有化）を目指す」との統一見解を表明、二十六日、与野党の妥協が成立し、国が普通株を取得する特別公的管理が確定し、三ヵ月余りにわたって混迷してきた長銀処理にようやく道筋がつく。

公的管理となると、合併相手の住友信託にとっても、前提が大きく崩れることになる。一時国有化となる公的管理では、交渉相手は国となる。

小渕は「長銀はつぶさないことと、合併の方向でお願いしたいということだ」とあくまで合併実現を目指したが、住友信託は経営への国家介入と不快感を示した。

長銀問題は、金融再生関連法の成立や金融監督庁による検査結果が出るのを待って、金融再生法に基づく第一号の特別公的管理を申請することで決着に向かう。同時に合併相手とされた住友信託は、合併方式の再検討に入った。

蔵相の宮沢や官房長官の野中は、入札による処理など、合併相手は住友信託に限らないという考えを次々と表明しだす。住友信託幹部は「国との合併が商業ベースで進むとは考えにくく、当初とは状況が変わった」と言い、政府との駆け引きを嫌う声が出始めた。

合併への熱気は交渉が進むにつれ急速に冷めていった。最大のネックは不良債権だった。「ゴーイングコンサーン（継続事業体）」と呼んだ受け皿会社への融資は、大半が第一分類（正常債権）、第二分類（要注意債権）とされ、貸倒引当金をほとんど積んでいなかった。住友信託側がこの点を尋ねると、長銀の回答はいつもあいまいだった。

交渉に当たった長銀幹部が回想する。

「住友信託からは変なものはできるだけ整理してきてほしい、と言われた。系列ノンバンクや受け皿会社を処理してほしいということだね。だけど、処理できる限度がある。全部整理しようとすれば、ものすごい金額の負担になる。そこである程度のものは残しながら、ということで、住友信託が受け入れられるレベルと長銀ができる体力の限界みたいなところでぎりぎりの交渉をしていたんだ」

住友信託は十月八日、ついに合併交渉の白紙撤回を、事実上、宣言する。九月中には合併の基本合意にこぎ着けると踏んでいた両行だが、与野党の攻防が混迷を極め、政治に振り回された末のご破算だった。一部の優良な借り手はこの間どんどん長銀から逃げ出した。日本リースは倒産に追い込まれ、事態は変化する。大手行の破綻を避けるソフトランディング路線のモデルケースとして政府の肝いりで始まった両行の合併交渉は、結局、政争の具にされただけだった。

住友信託幹部はため息交じりに漏らした。

「合併検討委員会は身動きのとれない日々の連続だった」

長銀の担当者の思いも複雑だった。合併交渉に当たった担当者が話す。

「住友信託との合併交渉入りを発表した直後のこと。長銀の中に、なんで住友信託なんかと合併するんだという声が上がった。明らかに住友信託を格下に見ている発言だった」

「もちろん、住友信託には住友信託なりの戦略があったから長銀の申し出を検討してくれたのだろう。でも、あの厳しい段階で自らがマーケットからたたかれるリスクを負いながら申し出に応えようとしてくれたことは、何度、感謝してもしたりない」

バブル崩壊後の厳しい環境の中で、金融機関はそれぞれが生き残りをかけて必死になってやってきた。

「生き残れなかった長銀の行員がなぜそんなことを言うのか。情けなかった。あの段階でもまだ平気でそんなことを言っているから、長銀はこんなことになってしまったんだよ」

幹部は唇を強くかんだ。

## 破綻の烙印

政府は九八年十月十五日、特別公的管理（一時国有化）によって処理される長銀の資産状況を、公的管理の申請受理後にあらためて査定する方針を固める。一時国有化を申請したあとの査定は、含み損確定のため、担保設定時の簿価ではなく、時価評価を原則とする厳しい方式が採用された。十九日、金融監督庁は長銀に資産状況の検査結果を通知する。

「保有有価証券などを時価評価した場合、九月末時点で債務超過だった」

三月末時点は株式の含み損を反映させても資産超過だった。監督庁は独自基準に基づいた査定をことごとく否定した。総資産は二十六兆一千九百億円。自己査定との比較では第一分類（正常債権）が一兆四千六百十二億円減る一方、第二分類（要注意債権）は六千四百二十九億円、第三分類（破綻懸念先債権）は六千八百八億円増える。自己査定ではゼロだった第四分類（回収不能債権）は千三百七十三億円にも膨れ上がった。債務超過額は三千四百億円強とされた。

巨額の含み損を抱えているとの認定は、長銀自身も、政府も予想していなかった結果だった。

金融再生法が施行された二十三日午前八時十五分すぎ、適用第一号として、長銀副頭取の越石一秀らが内閣内政審議室を訪ね、金融再生法に基づく特別公的管理を申請、首相の小渕は長銀を債務超過に陥った「破綻」と認定し、金融再生法第三六条に基づく特別公的管理開始を決定した。金融再生法第三七条の「破綻前銀行としての処理」ではなかった。だれもがつぶれるはずがないと信じて疑わなかった長銀が民間銀行としての歴史に幕を閉じた瞬間だった。同時に金融市場の開放と競争原理導入を求めるグローバルスタンダードの前に大蔵省の護送船団方式が敗北した時でもあった。

長銀株は七〇年四月の東証上場以来二十八年半を経て姿を消し、二十三日は終日売買停止。長銀の最後の株価は二十二日の終値二円だった。

六月の経営悪化表面化以来、必死に資金繰りを支えてきた長銀行員らに「破綻」の烙印は大きな衝撃を与えた。毎月五千億円から六千億円近い満期を迎えた金融債の償還を迫られ、個人客の中途解約に応じる必要があった。一方で新たに金融債を買う投資家は激減、幹部が資金繰りのために駆けずり回った。金融債を償還した法人顧客にはその分を預金にして長銀に置くよう要請し、海外の企業に貸していた債券を投資家に売って手元資金をかき集めた。

「七月から八月にかけ、資金繰りに詰まるかもしれないという地獄を見るようなことが一、二回あった」

関係者が告白するような事態を乗り切り、資金が奇跡的に何とか回転したこの四ヵ月間を、ある大手都銀幹部は「金融界の七不思議だ」と言うほどだった。

破綻認定の朝、東京・内幸町の長銀本店には早くからテレビ局カメラマンら大勢の報道陣が集まった。制服姿のガードマンが並び、硬い表情で出勤する行員が守られるように本店内に姿を消す。「私たちの事情で多くの取引先に迷惑をかけることになった。どんな形であれ、貸し渋りに苦しむ企業のために、またお役に立てる日がくれば」と三十代の行員。「日銀特融も受けていないし、資金は回っていた。破綻していない」と若手行員。出勤途中に本店前を通りかかった不動産会社の社員は「つぶれても国が面倒を見てくれるのだから、甘やかしすぎだ」と吐き捨てるように言った。

特別公的管理へ移行する長銀の新頭取の人選は難しかった。政府内では「トップは国会答弁もできないといけない」「激務。働き盛りでないと」という声が強く、その中でかじ取り役として選ばれたのは安斎隆《あんざいたかし》だった。

直前まで金融機関の信用制度を扱う日銀の最高責任者である信用機構担当理事だった。夏休み返上で金融危機管理に当たり、長銀処理に陣頭指揮を執った。総裁の速水優から就任を打診された時も、ためらいなく即断した。十一月四日の就任会見で、こう抱負を述べた。

「金融システム安定の仕事に取り組んできた宿命。大変な仕事と思っている。私心を捨てて頑張りたい」

金融再生委員会の「株価算定委員会」による翌九九年三月の算定では、長銀が特別公的管理に移行したあとの九八年十月二十八日時点の債務超過額は二兆六千五百三十五億円。金融監督庁の検査結果に比べ約七・八倍にも膨らんだ。債務超過額の半分近くに当たる一兆一千億円が、受け皿会社向け融資の焦げ付き分だった。

検査に一貫して立ち会った長銀幹部は悔しそうに語る。

「金融検査なんて半年も違ったら環境の変化に伴って大きく違ってしまうのが当たり前だ。それをあとになって査定が甘かったなんて言うのは全くフェアじゃない。同じ検査でも、長銀の状態が悪くなるに従って、より厳しく見るようになっていった。検査なんて結局、市場の見方や政治状況を追認することしかできなかったんじゃないか」

そう言ったあと、幹部はポツリとつぶやいた。

「東京裁判だな、これは。負けたから悪いんだ」

## 自滅のプライド

元専務でエコノミストの竹内宏は破綻までの長銀の歴史を次のように語った。

日本長期信用銀行は、敗戦後の日本が先進工業国になるためにつくられた長期の設備資金を供給する専門銀行だったから、日本経済が成熟段階に入った一九八〇年ごろには、存在理由がなくなってしまった。

成熟段階に入ると、企業の設備投資需要はぐっと減った。その上、内部資金が充実したので、設備資金は主として内部資金によって調達された。さらに、金融が徐々に自由化され、企業は長期資金を社債の発行などの方法によって市場で調達できるようになった。また、財政赤字が増大し、大量の国債が発行されたので、長銀の資金調達手段であった金融債の優位性が失われた。こうして、長銀は資金の運用・調達の両面で、存在理由を失った。

バブル経済期は、不動産融資によって収益を上げ、それをバネとして、その一方で世界的な投資銀行に飛躍するチャンスと考えられた。立場が弱い銀行だったから、他行に遅れないように頑張り、猛烈な勢いで不動産融資に突っ込んだ。

長銀は、設備投資金融に特化した一種の国策銀行だったから、融資するときも国民経済的意義を考えるという高踏的行風が残っていた。今から考えると、そういう銀行が最もリスクが大きく、海千山千の人々がいる不動産業界に巨額な融資を行うのは無理だった。担保に取った不動産をうまく運用して、不良資産の負担を少しでも軽くしようとしたが失敗し、かえって不良資産を増しただけだった。

長銀では、幅広い西欧的な教養、テニスのような貴族的においのするスポーツ、音楽や俳句などに深い趣味を持つ人が隠然たる勢力を持っていた。歴代の頭取は、名門、藩主、勘定奉行、豪商などの子孫だった。大野木元頭取も名門の出身であり、教養、スポーツ、趣味いずれをとっても長銀にふさわしい人格だった。

教養人は、ひ弱であるくせにプライドだけが高い。大野木さんは頭取に就任した時、前任者と同じように、不良資産問題は峠を越したと明言してしまった。実はその時、膨大な不良資産があり、それは増える一方だった。

そう言ってしまったからには、ずっと真実を語れなくなった。ひそかに知恵者を集めて不良資産隠しを続けるしか方法がなかった。不良資産隠しがばれることを恐れ、思い切ったリストラもできなかった。長銀は、人員整理もトップの交代もなしに破綻してしまった。いかにも教養人にリードされた長銀らしい最期だった。

長銀が特別公的管理下に置かれ一時国有化されてから約二ヵ月後の九八年十二月二十一日夕刻。東京・虎ノ門の共同通信社五階にある社会部の電話が鳴った。「大野木と申します」

丁寧かつ穏やかな口調だった。約十分間、電話で次のようなやりとりが交わされた。

——資産価値の下がった不動産をペーパー会社に引き取らせたことについて、国会の参考人質疑では「事業化」と主張されましたが。

**大野木** 物件の価値を高める方向に持っていくことがベストでした。着実に進んでいたし、できる限りのことをしようとしていたんです。

——不良債権隠しや粉飾決算はなかったと言えるのですか。

**大野木** そういうんじゃ全くありません。当時の会計処理として、適切な方法で行いました。株式でいえば、時価で考えるのと購入時の価格で考えるのと両方の方法が認められているでしょう。そのうちの一つの方法にのっとった、ということですよ。

――配当がほとんどない株式など有価証券をペーパー会社に飛ばしたり、不良債権の査定を甘くしていたのではありませんか。

**大野木**　背景はいろいろありますが、それなりのロジックを持って取り組んでいました。

――債務超過を認識していたのですか。

**大野木**　債務超過ではなかったと思っています。

――九八年九月期の配当時はどうですか。

**大野木**　当時は既に退職していて、九月期決算には関係していません。

――長銀の不良債権隠しは日債銀の方法を真似たと言われますが。

**大野木**　そんなことはしていません。

こうしたやりとりのあと、大野木はこう言って電話を切った。

「私が電話したのは、せっかくお手紙くださったのと、あなたが待っててらして寒いだろうなと、一生懸命で、だから一言お返事をという趣旨です。では、お元気で」

# 第3章　暗闇

## 朝鮮銀行の生まれかわり

日本債券信用銀行（日債銀）を語るとき、必ずその時々の有力政治家の影が周辺に浮かんでは消える。長信銀三行の最後発として誕生した日債銀はその生い立ちから政治家と密接な関係にあった。元首相福田赳夫《ふくだたけお》や元自民党副総裁金丸信《かねまるしん》、元首相竹下登《たけしたのぼる》、フィクサーと呼ばれた右翼の大物児玉誉士夫《こだまよしお》……。一九五七年に設立され九八年に幕を閉じた日債銀の歴史は、政治家と闇《やみ》の勢力にもてあそばれ続けた四十年余だった。

いがぐり頭の男が、ぼそっとした低い声で言った。

「いつもお世話になっているから割引債を買いに来た」

日本不動産銀行（日債銀の前身）の本店を右翼の大物、児玉誉士夫が訪れた。七二年のことだった。応対したのは、のちに頭取となる常務頴川史郎《えがわしろう》。秘書のように従う北海道拓殖銀行築地支店長が抱えていたボストンバッグを児玉が開く。中には約二億五千万円の現金が入っていた。

四年後の七六年二月、ロッキード事件が発覚する。東京地検特捜部と東京国税局、警視庁は異例の三庁合同で児玉が受け取った巨額のリベートの行方を追った。たどると、突然、消えるカネの流れ。捜査当局は児玉がカネを無記名の割引債ワリフドーに替えた、とみていた。

「児玉の短期資金の指南役は拓銀。長期資金は不動産銀行に違いない」

特捜部の取調室では役員が厳しく追及された。不動産銀行を強制調査（査察）した国税局は「行員が児玉邸まで集金に出向いたはずだ」と経理帳簿からハイヤーの伝票まで証拠を精査する〝ブッ読み〟を続けた。

「無記名は徹底しており、銀行側でも児玉の取引を特定できなかった」

査察に立ち会った元常務はまだ事件について多くを語らない。

当局が約十九億円についての脱税で起訴するまでには一年近く捜査が必要だった。割引債は基幹産業に融資する長期信用系の銀行などだけに認められた金融商品で、無記名性を特徴とする。購入者が債券を発行銀行に預けず、持ち帰る場合は、購入者記録の氏名欄にも社債権者としか記入されないため、古くから脱税の温床と指摘されてきた。

児玉ルートを追ったのは、のちに東京地検特捜部長を務め、預金保険機構理事長となる松田昇《まつだのぼる》だ。ワリフドー購入の供述を本人から引き出し、検事生活で最も印象に残る事件から二十五年。立場は変わって、公的資本投入という形で再び日債銀とかかわり合うとは、当時、想像もできなかったに違いない。

「五億円の割引債をお買い上げいただきました」

八六年、頭取となっていた頴川史郎は、秘書から自民党幹事長の金丸信がワリフドーから名前を変えたワリシンを買ったことの報告を受けた。頴川は表情を変えなかった。

「親しくさせていただいているんだ。債券を買うならうちのを買うだろうな。当たり前だろう」

日債銀の債券営業部は買い増しのたびに金丸事務所にワリシンを運び集金した。

「金丸の取引はカマキリ紳士という符丁で取引メモに記録した」と元部員は証言する。

「カマキリ」は金丸が名乗って日債銀と取引するようになる以前に、ワリシンを代理購入させていた使者のことで、窓口の女性行員がやせぎすな男の印象からそう名付けた。

「追跡を難しくする巧みな乗り換えや、買い増しの手口はプロの仕事。まるで映画を地でいくようだった。日債銀の内部では福島交通元会長の小針暦二《こばりれきじ》が金丸に付けたアドバイザ

金丸信、東京佐川急便事件で副総理辞任

ーだと噂されていた」と元幹部は言う。

ロッキード事件以降、国税当局は日債銀の監視、指導を強め、金融債を持ち帰る無記名客の人相、容貌《ようぼう》を記録するように要求していた。そのワリシンは約二十二億円に膨れ上がる。

日債銀の担当者は金丸が用意した札束の帯封の金融機関名まで詳細にメモしていた。「資産を隠そうとしているな」と分かる。計算書を小分けするよう指示されたからだ。

元役員は「金丸と分かってやばいタマかなとも思ったが、カネの性格を聞くわけにもいかなかった」と苦しい立場を明かした。

九三年三月六日、特捜部は所得税法違反（脱税）容疑で金丸を逮捕した。

五日後の十一日昼下がり、東京・代々木の榊原記念病院に衆院予算委員会のメンバーが集まった。小針暦二は水色のパジャマ姿でベッドに正座し、臨床尋問に来た国会議員に頭を下げた。入れ歯を外した顔は一回り小さく老け込んでいる。

「皆に、余っているカネがあればワリシンを買えと勧めた。金丸先生にも言ったと思う」

「清和会（三塚派）の連中に言ったことはある」

小針は脱税指南をあっさり認めた。

日債銀誕生の経緯を追うと、産声を上げた瞬間から不透明な過去がついて回ることが分かる。

「私たちのおカネが、突然、百分の一になったんですよ。日本円と等価で交換する、と言っていたのに。許せない」

大分市東八幡《ひがしやはた》の自宅で平井《ひらい》豊《とよ》は預金証明書を手に声を震わせた。豊の亡夫、文雄《ふみお》は戦前、中国で綿花栽培を手がけていた。文雄は日本円と等価とされる現地通貨で約千三百万円分を朝鮮銀行に預金していた。現在の貨幣価値にすると数十億円にもなる。しかし、帰国して手にしたのは利息を含め十九万円余だけだった。そうして払い戻されなかった預金が日債銀の前身である不動産銀行の設立資金になった。

平井は、全国の在外預金者らと連絡を取り合って損害賠償請求訴訟を起こした。七四年一月十七日には、不動産銀行にデモをしたあと、東京・南麻布にある当時の会長、湯藤《ゆとう》実則《さねのり》の自宅を訪ねた。

湯藤は「預金者のことを考えなかったのは悪かった。自分は預金全額を支払いたいが、一存では決められない」と頭を下げた。しかし、五月に湯藤は会長を退任、話は立ち消えになってしまう。

歴史は戦前の朝鮮銀行までさかのぼる。日韓併合直後の一九一一年、朝銀が発足した。本店はソウルに置かれる。日本軍の侵攻と歩みを重ね旧満州（中国東北部）を中心に大陸にも進出し、中央銀行としての役割を果たしていく。最盛期に支店は百九を数えた。

「民間銀行の支店も多かったが、国策銀行の朝銀は特別だった。皇軍行くところ朝銀ありと言われ、軍の出納係みたいな支店もあった」

朝銀大連支店で勤務した元日債銀常務、大家二郎《おおやじろう》は当時の様子をそう語った。

終戦で朝銀は連合国軍総司令部（GHQ）から閉鎖機関に指定される。朝銀の特殊清算人となった元副総裁の星野喜代治《ほしのきよじ》は銀行再建のため首相吉田茂《よしだしげる》や、のちに首相となる岸信《きしのぶ》

日本不動産銀行の開業式であいさつする星野初代頭取

介《すけ》、福田赳夫らに働きかけた。

「失業した職員も多かった。星野さんは放っておけず、その雇用対策もあったのだろう」と大家。星野が目を付けたのは凍結された約六十七億円の資産だ。凍結は五四年に解除されたが日本円との交換比率は百対一や十対一というものだった。等価で預金者に払い戻した場合、資産はほとんど残らないが、朝銀は約五十五億円を残すことができた。

星野は、蔵相を父に持ち四代目頭取となる勝《しょ》田竜夫《うだたつお》らを使い懸命な政官界工作を続ける。

これに対し大蔵省は以下の三点を挙げ、首を縦に振らなかった。

①終戦後の混乱期に普通銀行、相互銀行を許可しすぎ、乱立状態にある。

②債券消化が難しく新規債券発行銀行をつくることに難がある。
③不動産金融そのものに障害がある。
関係方面では「朝鮮銀行のイメージが悪すぎるからだ」とささやかれた。

その態度が五六年初頭に一変した。星野が経緯を回想録に残している。

「納付金案をぜひのんでもらいたい」

当時の大蔵省営繕管財局長の正示啓次郎《しょうじけいじろう》が星野に切り出した。納付金は朝銀に義務づけられた一種の税金だ。大蔵省は歳入不足を補うため、閉鎖中の朝銀からの納付金を補正予算に計上、事後承諾を迫った。

「納付金案をのんでくれるなら省内各局が朝銀に抱いていたしこりは全部解消し、大蔵省一丸となって新会社設立を支援する」

星野は約二十八億円を国庫に納めた。税金など約二十二億円を差し引き、残る国内資産などを合わせて十七億円が朝銀の資産として残った。五七年、この資産をもとに日本不動産銀行が設立され、初代頭取に星野が就任した。

誕生に当たって蔵相の一万田尚登は全国銀行協会会長佐藤喜一郎（三井銀行社長）に「この銀行はペイしにくいと考えられる。主な融資対象も中小企業なので、低利で五十億円融資してもらいたい」と要請した。佐藤は「大蔵省が自ら出資するわけでもなく、カネも出さないで都銀にだけ犠牲を強いるのはいかがなものか」といったん拒否する。各行の冷ややかな視線の中でのスタートだった。

当時を知る大蔵省の幹部は言う。

「日債銀は誕生の時から不幸な宿命を背負っていた」

## フィクサー

いわく付きの銀行が危険な融資に手を染めるのにそう時間はかからなかった。

枯れ草と雑木林が延々と広がる荒れ地の真ん中をアスファルトの直線道路が貫く。東北新幹線新白河駅から西へ五キロ。白河高原（福島県西郷《にしごう》村）の五百ヘクタールの牧場跡に幅約十五メートル、総延長約六キロの道路が走る。

「この村の人たちは昔から弾丸道路と呼んでいた」

地元の不動産業者が、当時はまだ珍しかったカラーコピー製の開発計画図を広げて説明する。

「韓国の朴正熙《パクチョンヒ》大統領が日本に亡命するとき滑走路に使われる、と噂されたもんだ」

軽井沢と並ぶ避暑地で、天皇の那須御用邸をはるかに望むこの地に七〇年代、東亜相互企業が温泉、スポーツ施設、文化施設などを網羅した大規模レジャーランドの開発を計画した。社長の町井《まちい》久之《ひさゆき》は元暴力団東声会会長で韓国名・鄭建永《チョンコンヨン》。朴政権に太いパイプを持つ人物だった。

東京・九段の日本不動産銀行本店で、当時の業務部長は頭取の星野の部屋に呼び出された。七一年のことだ。ソファには児玉誉士夫が座っていた。

児玉誉士夫と町井久之

「児玉さんが懇意にしている会社に融資してくれないか。他の銀行が保証するらしいから、私はいいと思うよ」

星野が言う懇意の会社が東亜相互企業だった。

児玉は星野と同じ福島県会津地方の出身。戦時中は中国大陸で海軍の物資調達機関として暗躍した児玉機関を率い、星野が副総裁だった朝鮮銀行に巨額の預金があった。

「星野さんも国士的なところがあって、児玉さんのことは気に入っていた」

と日債銀の元常務は言う。

児玉の側近だった町井は、当初、白河の開発資金を韓国外換銀行東京支店に頼る。児玉は周辺に「融資の件で朴大統領に会った」と話したという。東声会時代から町井に仕えている東亜相互企業幹部は「当時の外換銀行はまるでカネがなかった。そこで児玉さんを通じて不動産銀行に話を持ちかけた」と明かす。

結局、不動産銀行は東亜相互企業に五十四億円を融資し、韓国外換銀行がその融資に六十億円の支払い保証を付けた。だが、開発はほとんど行われず、巨額の開発資金は闇に消えた。

疑惑は、七三年十一月の衆院決算委員会で取り上げられる。社会党議員の小林進《こばやしすすむ》が質問に立ち、詳しい説明を求めた。

大蔵政務次官の山本幸雄《やまもとさちお》が答弁した。

「外換銀行は町井氏が社長をする東亜相互企業に貸し付けではなく六十億円の信用供与を与え、その保証に基づいて日本不動産銀行が五十四億円の融資をしております。内訳は那須、白河高原の総合開発事業というものに三十三億円、TSK・CCCターミナルビルの建設に関するものに二十一億円、合計五十四億円となっております。これにつきましては、東亜相互企業の土地建物に対して抵当権を設定しておりまして、債権確保の上でも手は打たれておるということでございます」

小林がその後、「白河の開発に融資された三十三億円のうち、わずか二億円しか返済されていないのは不良貸し付けではないか」と追及したのに対し、蔵相大平正芳《おおひらまさよし》は「大変残念ではあるが、そういったことの改善については大蔵省としても指導をして、改善に努めている」と不動産銀行の融資が限度を超えていたことを認めている。

融資は焦げ付き、返済を肩代わりした外換銀行は四半世紀が過ぎた九八年になって、東亜相互企業が持つ土地の競売を福島地裁に申し立てた。

この取引は、八一年、警視庁の幹部候補生を対象とした研修会でも話題となった。当時の捜査四課長は関西に本店を置く製鉄会社を舞台とした社内の人事抗争に絡み、児玉が乗り込んできた例を紹介した。

二つに割れた製鉄会社の社内は、児玉の登場で均衡が崩れる。児玉が社内権力を握った側に要求したのは、東亜相互企業が所有する白河の山林の買い上げだった。

捜査四課長は「町井の二束三文の土地を、何十億円かで買い取り複雑な経過を経て、児玉にカネをやったのだと思う」とからくりを解いてみせた。

## ちっちゃな政商

「行ってみたら、とんでもない男がいたよ」

七二年六月、衆院議員湊徹郎《みなとてつろう》は東京・永田町の第二議員会館の事務所に戻ってくるなり、秘書にこう言った。湊は自民党中曽根派の中堅議員。この日「福田（赳夫）派の幹部が待っている」という連絡を受け、国会近くのホテルに出向くと、小針暦二が待っていた。

小針は、衆院選（旧福島2区）でいつも湊の対立候補を応援、二人は反目していた。事務所に居合わせた元福島県総務部長の立沢甫昭《たつざわとしあき》は、さらに湊の話を再現する。

「小針が菓子折りを出して、よろしくと言うので、何の真似だとけり上げたら一万円札が散らばった。数千万円あったな」

「やつは慌てて拾い集めながら、黙っていてくれ、と手をついたよ」

立沢は「中曽根派を福田に付かせるため湊を切り崩そうとしたのだろう」と解説した。

当時、福田は首相佐藤栄作《さとうえいさく》の後継者ポストを田中角栄《たなかかくえい》と激しく争っている。小針はホテルに陣取り福田の多数派工作を続けていた。ばらまかれた実弾は不動産銀行からの融資が流用されている、とささやかれた。小針は相場師から身を起こし、独特の商才と政治家への食い込みで一目置かれる存在となっていた。

金丸が「ちっちゃな政商」と評した小針が政治家に近づいた経緯には諸説ある。最初に名前が挙がったのは元建設相河野一郎《こうのいちろう》。栃木県・那須の国有地払い下げで、小針は巨額の転売益を上げた。河野が口利きしたとの情報が流れ、国会で取り上げられた。六五年に河野が亡くなると福田に接近し、福田と関係の深い不動産銀行から巨額融資を受けるようになった。

小針暦二

資金を出したと噂された不動産銀行の頭取、勝田竜夫は福田と特殊なきずなで結ばれている。勝田の父の主計《かずえ》は、福田が入省する直前の蔵相（清浦内閣）。福田が秘書官として仕えた蔵相広瀬豊作《ひろせとよさく》（鈴木内閣）は勝田の義兄だった。終戦時に「私は勝田竜夫氏ともども、大蔵本省の地下室で玉音放送を聞いた」（福田赳夫著『回顧九十年』）という間柄だ。

小針と日債銀（不動産銀行）はただならぬ関係にあった。小針が進めた福島県白河市の大型団地造成計画では、日債銀からの融資はピーク時、七百億円にもなった。七三年の石油ショックで景気は後退し、常務だった頴川史郎は小針を本店に呼び、計画凍結を勧めた。

「何も知らない若造が何を言うか。勝田を呼べ」と、小針が声を荒らげた。融資は続行された。


七七年のことだ。東北新幹線がまだ開通していない福島県の郡山駅のホームに、日債銀鑑定部の二人の男が降り立った。福島交通グループへの融資の担保物件である駅東側の土地を鑑定するのが目的だった。駅の改札を出るまでに既に嫌な予感がしていた。二人は図面などで、駅の東側には東証一部上場の保土谷化学工業の大きな工場があることは知っていたが、実際に行ってみると予想以上に工場は大きく、威圧感があったのだ。

改札を出て工場を回り込んで左にしばらく行くと、目的の土地が見えてきた。案の定、隣には煙突が林立し鉄パイプなどがむき出しとなった工場が周りを威圧していた。煙突からは白い煙が立ち上り、周囲には何とも言えない悪臭が立ち込めていた。

担保物件となっていたのは、その隣の空き地とゴルフガーデンとなっている計約十万七千六百平方メートルと、さらにその隣の福島交通の支社となっている約一万八千五百平方メートルの計約十二万六千百平方メートルの土地だった。

「これは結構厳しいな」

そう言いながら福島交通支社の裏手に回ってみると、阿武隈《あぶくま》川支流の逢瀬《おうせ》川の流れが行く手をふさいでいる。駅の西側はデパートや商店が並ぶ商業地として発展していた。それに引き換え東側は駅前に保土谷化学の工場が立ちふさがり、川も迫っていた。東北線で分断され、東西を結ぶ道路もない。

「商業地として発展するのははっきり言って無理じゃないか」

これが結論だった。

二人は「こんな土地を担保に巨額融資をするのは無謀」と判断し、東京に帰ったあと、融資は慎重にすべきとの意見を付けた報告書を副頭取の頴川あてに提出した。だが、返事はいつまでたってもなかった。警告は無視され、融資はその後も続けられた。

頴川は頭取になってから、常務会に個別の融資案件を諮《はか》ることをやめさせた。これがきっかけとなって融資が急速に膨らんでいく。元役員は言う。

「あれで融資に対する歯止めを失った。それまでは部長連中は常務会に諮られたらまずいというんで、一定の歯止めがかかっていたのが、全部外れてしまった」

福島交通への融資のきっかけを頴川は「福田さんの懇請もあった」と言う。この福島交通への融資は銀行を次第にむしばんでいく。

## 政治銀行日債銀

「きょう飯でも食わないか」

会長となっていた頴川史郎の耳に、九一年初頭、弱々しい声が響いた。

電話の主は元外相安倍晋太郎《あべしんたろう》だった。夕方、東京・銀座の料亭「吉兆」で落ち合うと、安倍は「これから入院するんだ」と告げた。五月、病室から電話があった。不在で秘書が受けたが、用件は告げなかったという。安倍はその数日後に亡くなった。

八二年から九二年までの十年余り、頭取、会長として日債銀に君臨し、銀行の裏側を知り尽くした頴川は行内で「天皇」と呼ばれた。東大経済学部を卒業後、興銀から不動産銀行へ出向してそのまま残り、トップにまで上り詰める。その頴川が、九九年三月、東京・港区の自宅で、政治家との関係について次のように語った。

安倍晋太郎と親しくなったのは福田赳夫後援会の席。初代頭取で後援会長の星野喜代治の代理で出向くと、やはり福田の代理で来ていた安倍とよく顔を合わせた。安倍は金丸信、竹下登を紹介した。

常務だった七二年、四代目頭取の勝田竜夫に呼ばれ、「これからは政治家に情報網を持つべきだ。おれに代わって政治担当をやってくれ」と指示された。ほどなくして旧福田派事務所のあった赤坂プリンスホテルの地下の中華料理店で、安倍、金丸、竹下との会合が始まった。後発の日債銀は他行に比べ政界の情報網がなく、金丸、竹下、安倍の三人を情報源にしたいと考えた。午後六時から借り切った個室で待ち、安倍ら三人はバラバラに出入りした。一年に数回だが、時間に縛られないのがいいと十年近くも続いた。

「政治献金を大口で集めようとして、引っかかる人がたくさんいる。自分は一つの企業からカネを集めたりはしない。五千人から百万円ずつ集めれば五十億円だ。これは浄財だわな」

「自分が初めてこの方法でやったんだ」

竹下が上機嫌に話す姿が今も脳裏に浮かぶ。こうした放談に時折交じる情報に耳をそばだてた。

三人には見返りも用意した。

「融資を紹介したい時もあるでしょう。その時は私に言ってください」

紹介融資は金丸が一番多かった。七五年から八五年にかけてだった。内容を調べ、どうしても応じられないと断ると「いや、それでいいんだ。迷惑かけたね」とすんなり引き下がった。

安倍からもよく電話がかかった。「ちょっと無理です」と返事をすると「そうは言うけどね。もう少し調べてみてくれるかい」と粘ることがあった。竹下は直接依頼してくることはなかったが、秘書を通じて話が持ち込まれたことはあった。

頴川は「無理な案件は自ら断り、情報網としてだけ政治家を使った」と強調するが、小針が融資を持ち込んできた際「金丸に助けてもらった」と言い、ギブ・アンド・テークの関係だったことをうかがわせた。現場もこう証言している。

「政治家案件の多くは、融資を頼まれたときに見返りにワリシンも購入してもらっていた」

政界との関係はやがて「政治銀行」と呼ばれるまで強まっていく。

顆川は望んで日債銀に来たのではなかった。興銀からの出向で日債銀に派遣されていた。

「常時十六、七人が興銀から日債銀に出向し、当時（六〇年代前半）は興銀の出向者の間では、日債銀なんて銀行じゃない、と評判が悪かった。興銀マンにとって決して残りたい銀行ではなかった」と言う。

興銀に戻れると思っていた出向二年目の終わりに大きな転機が訪れる。頭取の勝田竜夫が「もう派遣の時代ではない。興銀へ帰る人と残る人に分けたい」と、突然、言い出した。興銀入行年次で振り分けられ、顆川は残留組となる。

顆川史郎

「勝田さんは銀行業務をご存じなかった。事業会社の社長さんですからね。このままでは日債銀はいけないと分かっていながら、知恵を出してくれる人がいなかったから、私は意見、企画をよく出した」

腹をくった顆川は勝田への食い込みに精力をそそいだ。勝田の目にとまり、政治担当として献金額を政治家一人につき年百万円、選挙時には二百万円と上限を決めるなどして取り仕切った。政治家とのつながりをにおわせて融資を申し込んでくるさまざまな関係者への対応もこなした。

八二年に頭取に就任する。頴川は「開かれた頭取」を掲げ、まず本店十三階の食堂の裏にある応接室に課長クラス以上の行員を集めて「昼食会」を定期的に開くようにした。中堅クラスとコミュニケーションを図るためだ。課長クラスを十人ずつ分け、月一回、頴川の好物のカレーライスを食べながら意見を聞く場だった。

長方形の大テーブルの真ん中に頴川が座り、呼ばれた行員が周りを囲む。頴川が「君の部署は最近どうか」と質問する声が響くだけで、黙々とカレーを食べる奇妙な会合だった。この昼食会は二年も続かずに終わり、頴川自身、若手、中堅行員から距離を置くようになる。

頴川の頭取時代後半からバブル経済が本格化する。三人の常務に融資決裁権限を与えて競争させた。この路線はやがて日債銀の命とりとなる直系ノンバンクにも及んだ。八七年、ノンバンクの経営者を集めた席で、頴川は大声で融資拡大のはっぱを掛けた。

「需要があるとかないとか、そういう問題じゃない。君たちも頭を使いたまえ」

八五年に約六兆六千億円だった日債銀の貸出残高は、九一年には二倍近い約十一兆四千五百億円に膨れ上がった。バブル崩壊が迫った九〇年には融資決裁の上限額も設けていなかった。

頴川は「トップとしての責任はある」と認めながらも、経営健全化に全力を挙げたことを強調する。

「日債銀の不動産貸付比率は五〇年代に三〇～四〇パーセント、常務になった七〇年代前半で二六～二七パーセントあった。不動産融資への一業種偏重はまずいと思い、七一年から三年がかりで、この比率を二〇パーセントまで下げた。このため資金量が興銀に追いつかず、興銀のスパイと言われたもんです」と苦笑した。

さらに日債銀を破綻に追い込んだ不動産融資については「会長になって二年ぐらいして、各銀行の不動産への融資比率という記事を見ていた。日債銀は二〇パーセントということでだいたい守ってくれていると思った。その時、ノンバンクからの融資はどうだろうと頭に浮かんだ。直系ノンバンク融資の不動産比率がいくらか、部下に確認すると三四パーセント。愕然《がくぜん》としたから数字まで覚えている。ノンバンク分も足すと日債銀全体の融資に対する不動産比率は四〇パーセントを超えるようだった。大変だと思った。どう比率を下げるか、直ちに常務会を招集したんだ。これ以上はまかりならんと言わなければいけなかった」と責任を転嫁した。

頴川からは、銀行本体とノンバンクに融資を競わせ、過剰融資へ走らせた直接の責任者としての反省の声は最後まで聞かれなかった。

頴川への半日に及ぶインタビューが終わり、自宅を去ろうとした。頴川は現役時代の海外出張で集めたという洋酒のコレクションをサイドボードから取り出し、延々と説明を始めた。そこに権力者の面影はなく、孤独な老人の顔だけがのぞいていた。

## 裏社会の食いもの

八〇年代初めのことだ。東京・九段の日債銀本店前をたまたま通りかかった警視庁のある捜査員は、右翼の街頭宣伝車が日債銀の地下駐車場から出ていくのを目撃した。

次々に現れる街宣車。捜査員は目を見張った。

「脅されて駐車場を貸しているに違いない」

数日後、暴力団や総会屋担当の捜査員が日債銀の総務担当者を訪ねた。駐車場代も払っていない様子なので、被害届を出すよう勧めた。が、担当者の反応は冷ややかだった。

「脅されたわけではありません。普通の契約を結んだだけですから、お引き取りください」

日債銀と闇の勢力との関係は深い。捜査員は、そう思った。

突つけばほこりの出るスキャンダラスな銀行を総会屋が標的にしないはずがなかった。

八四年六月二十九日、日債銀本店の三階大会議室は株主総会を前に、張り詰めた空気に包まれていた。前年から表面化していた福島交通グループへの巨額融資問題が国会やマスコミで取り上げられていたことから、経営陣への責任追及は必至とみられ、開会の一時間以上も前から、多くの株主が会場に詰めかけた。

午前十時、議長を務める頭取の頴川が立ち上がり、五十一期（八三年四月一日～八四年三月三十一日）の営業報告、貸借対照表、損益計算書などを読み上げたあと、注目されている問題に一言だけ触れた。

「心配をかけたことをおわびします。しかし、福島交通と福島交通不動産への融資については、言われているような不当な事実はありません。個別取引のことなので具体的なお答えはご容赦願いたいが、目下、全行員が努力をしておりますのでご支援をお願いしたい」

釈明すると、最前列にズラリと陣取った総会屋から「了解」の大声と拍手が会場に響いた。

この総会で福島交通問題について質問した株主は一人だけで、わずか一時間ほどで終了。絵に描いたようなシャンシャン総会だった。

その前日、日債銀で二十年以上にわたり総会屋対策を担当した今戸《いまと》謙之助《けんのすけ》は、東京・丸の内にあるオフィスビルの一室に呼び出されていた。部屋の主は金融界に強い影響力を持つ大物総会屋、上森子鉄《かみもりしてつ》だった。上森は映画雑誌を発行するキネマ旬報社社長の肩書を持ち、九七年の第一勧銀や四大証券の利益供与事件で摘発された総会屋小池隆一《こいけりゅういち》も師事していた。

「今戸君、頼む。あすの総会では頴川を守ってやってくれないか」

事務所に入るなり、上森は最敬礼で今戸に頭を下げた。普段は今戸をあごで使い、事務所を訪ねても平気で一時間も待たせる上森が、いつになく真剣な態度だった。今戸はその時を思い返す。

「そこまでするのか。それじゃあ、しょうがないなあと思いました」

古巣の総務部から、全く経験のない市場調査室長に不本意ながら異動させられ、銀行首脳部に反発を感じていた今戸だったが、すぐに自分の席に戻って、知り合いの総会屋に電話をかけまくった。翌日の総会に出席しそうな総会屋の情報収集に奔走、出席する総会屋には、穏便にしてくれるよう根回しを頼んだ。

日債銀、そして頴川を救った総会屋の上森は、銀行、証券会社など大手企業の総会で「幹事」を務め、勝田とも早くから交流を深めた。

口癖は「おれが勝田を頭取にしてやる」だった。総会では、決まって午前九時すぎに会場奥に設けられた総会屋の専用控室に入った。開始直前までにらみを利かせると、別の銀行の総会へと向かった。上森の目が光る総会で声を荒らげる総会屋は皆無だった。

上森子鉄

「勝田には傷がある。おれが守ってやらないといけないんだ」

上森は親しい知人につぶやいた。

傷とは、勝田が貿易庁事務官だった終戦直後に、三万円のわいろを受け取ったとして収賄容疑で逮捕されたことだった。最高裁まで争ったが、五一年に懲役一年六月が確定した。

顗川が頭取に就任したころ、勝田の過去を暴露する怪文書がばらまかれた。その後、顗川は情報誌を発行するという男に酒場に呼び出される。男は手帳を見せながら「怪文書を書いたのはおれなんだ。ある人に頼まれた」とささやいた。ある人とは、そのころ事業展開を図っていた不動産会社の経営者。暗に裏取引での融資を要求していた。

日債銀はスキャンダルに食いつく総会屋やブラックジャーナリズムにとって格好の標的となった。中堅総会屋の一人は「たたけばいくらでも脅しネタが見つかった。総会屋にとっては、付き合いやすい話の分かる銀行だった」と話す。

株主への利益供与が禁じられた八二年の商法改正を境に、総会屋の世界は、上森のような財界人脈を誇る長老支配の時代から、複数の総会屋を束ねるグループが暴力団などの組織力を背景に食い込みを図る時代へと変容していく。

広島出身の総会屋でつくるグループの一人は「大御所だった上森さんの引退と、ベテラン総務担当だった今戸さんの異動で、当時の総会は大荒れだった」と述懐した。

上森、今戸らの対策が功を奏した八四年の総会とは反対に、八五年六月二十八日の総会は、関西から上京してきた新興の総会屋グループなどが、再び福島交通問題をタネに質問攻めにしてきた。

「総会屋担当からもう身を引く」と心に決めていた今戸は、総会の会場裏に設けられた総務担当者の控室に映るモニター画面を見つめ、二十年近い総会屋担当の行員生活を思い返していた。

今戸謙之助は佐賀県出身。大学卒業後は地元の佐賀県の銀行に勤めたが、日債銀の前身の朝鮮銀行に父親が勤めていた縁で、不動産銀行に転じた。東京本店の総務部に異動後は、一貫して総会屋担当を続けてきた。

十五年ほど前のことだ。

「ちょっと部長室に来てくれないか」

総務部長からの電話で呼び出された今戸が部屋に入ると、部長と向かい合って一人の男が座っていた。男は、三菱グループの企業に顔が利くことから「三菱村の帝王」との異名を持つ総会屋だった。一匹狼《おおかみ》的な動きで各企業を回っていた。九八年二月にはスチュワーデス養成塾が発行するパンフレットの広告料名目での利益供与事件で警視庁に逮捕されている。

「今戸君、この人はうちの銀行にとって大事な人だから、ひとつよろしく頼むよ」

部長に言われた今戸は、頭に血が上っていくのが自分でも分かり、その場で、目の前のテーブルを力いっぱいたたいた。

「なぜ、おれを通さないんだ」

総会屋担当としての自分に誇りを持っていた今戸は自分を通さず、上司に直接会いに行った総会屋が許せなかった。この総会屋が再び無理難題を突きつけてくることはなくなった。

「今戸とけんかしたら、あとが怖い。損をしてしまう」

闇の勢力の人間から認められる存在になった今戸だが、行内では「何をしているのか分からない人」「かかわり合わないほうがいい人」とけむたがられ、孤立していった。

今戸は関連会社に異動後、九三年十二月に退職するが「多くの総会屋から融資の依頼を受けた。退職前の半年だけでも、八百四億円分の融資話を断った」と証言する。

「政界に食われ、裏社会にも食われた。どうしようもない銀行だった」

## 飛ばして隠せ

なりふり構わない融資は大手不動産業者からマンション業者、地上げ屋まで向かった。当時の雰囲気を元常務の八木聖二《やぎせいじ》は「右肩上がりの経済が三年間も続くと、警鐘を鳴らすほうが異常者扱いされそうだった」と話す。

別の幹部も「地上げ屋といえども当時は日の出の勢いの新興企業。後発の日債銀はグループを挙げて取引を切望した」と打ち明ける。本体とノンバンクが競い合う中で歯止めが利かなくなっていた。

日債銀の過剰融資がどれほど度を超したものだったのか、内部証言をもとに、不良債権隠しの手口も交えながら典型的な例を挙げてみよう。

「売れ残ったマンションを数多く抱える業者向けの融資は、回収への懸念が生じるため、金融当局から貸倒引当金の積み増しを求められる。当時は既に直系ノンバンクの経営危機に直面していたので、マンションを買い取って融資が不良債権化しないようにした」と日債銀元幹部は言う。

日債銀はペーパー会社三社を設立し、九二年九月、大口融資先のダイア建設（本社東京）の売れ残りマンション千十三戸を、約三百五十億円で買い取った。原価より三割も高い価格で、その後のマンション価格の下落に伴い、三社に少なくとも約二百四十億円の含み損が発生していた。

日債銀は、売れ残りマンションの購入資金全額を三社に直接貸し付け、金利分も事実上ダイア建設系のノンバンクを迂回《うかい》して融資した。購入資金に絡む根抵当権の設定は九八年十二月の破綻後だ。

ダイア建設は首都圏を中心にダイアパレスで知られる分譲マンション販売の準大手。資本金二百十一億円、従業員は約千人で、七六年三月にマンション販売最大手の大京常務だった下津《しもつ》寛徳《ひろのり》が独立して創業した。リゾートやゴルフ場の開発にも進出し、日債銀は主取引銀行の一つになっていた。ダイア建設の発行済み株式の二・九パーセントを所有し、副社長も派遣している。

マンションを買い取った三社はプロビデンス、セーレム、フェニスタだ。いずれもマンションを買い取る直前の九二年八月に設立された。資本金は一千万円で、役員も社長をはじめ四人のうち三人が日債銀出身の同じ顔ぶれ。登記簿上は東京都千代田区の日債銀本店の真正面にあるビルに本社がある。

三社が買い取ったマンション千十三戸の内訳はプロビデンスが二十九件（四百三十一戸）、セーレム十四件（三百十九戸）、フェニスタ二十三件（二百六十三戸）となる。福岡市博多区のダイアパレス博多駅南のように、一棟丸ごと買い取ったケースも四物件あった。

千十三戸の原価は計二百七十一億八千万円だが、購入額はこれより二九パーセントも高い計三百五十一億四千百万円。日債銀の融資額は経費分も含めて計三百六十五億円にも達した。

金利分を含めたマンションの帳簿上の価格（簿価）は、九六年三月末現在で計三百七十六億四千八百万円にもなる。ところが、価格下落により同時点での時価は計百三十七億八千三百万円しかなく、簿価の三六・六パーセント、含み損は計二百三十八億六千五百万円に膨らんだ。

ペーパー会社は実質的な仕事は何もしておらず、日債銀にとっては約二百四十億円の含み損はそのまま不良債権となった。

日債銀はこの貸し付けが不良債権化しないよう工夫していた。ダイア建設の一〇〇パーセント子会社で、日債銀出身者が社長を務めるノンバンク、ディ・アイ・エー・ファイナンス（ディ社）を利用した三社に対する金利分の迂回融資だ。

三社は九六年三月末までに、事業資金としてディ社から計二十七億円の融資を受けていた。つまり実質的には、日債銀がカネをぐるっと迂回させ、自分に対する金利分を自分で支払っている格好になる。それでも表面上は三社が日債銀にきちんと利払いを行っているようになるため、三社に対する日債銀の融資は正常債権とされるわけだ。

自分で自分の足を食うタコのようなことを、なぜ日債銀はこの時期に行ったのか。

マンション買い取りとほぼ同時期の九二年九月下旬、日債銀は計約三千五百億円の不良債権を抱えるクラウン・リーシングなど直系ノンバンク三社の経営支援策を関係金融機関との間でまとめた。この結果、日債銀は元本返済猶予などで年間百五十億円程度の負担増となった。

さらにノンバンクの不良債権問題の表面化で、新規発行した五年物利付き金融債の流通価格が下がった。日本興業銀行債との価格差が大きくなり、地方銀行など大口投資家への販売が懸念されるようになっていた。

日債銀の元幹部が苦々しげに話す。

「こうした苦境の中で、ダイア建設向け融資の不良債権が表面化することは避けたかった。景気が回復しマンション市況が好転すれば、ペーパー会社の含み損も解消すると思ったのだが」

民間の信用調査機関によると、ダイア建設はマンション不況の中、九八年秋の時点で千戸近い在庫を抱えていたという。九八年三月期のダイア建設の決算は売上高が二千億円、経常利益が三十五億円だったが、土地の評価損など特別損失を計上し、当期損益は三百八十億円の赤字となった。同年三月末の借入金は二千九百四十億円で、三分の一に当たる九百七十二億円が日債銀からの借り入れだった。九九年三月期は売上高千八百六十億円、経常利益は十六億円に落ち込んでいる。

## 多額融資の怪

古書店街で名高い東京都千代田区の神田神保町と東隣の神田小川町の一角。古書店や大型スポーツ用品店が立ち並ぶ靖国通りから路地に入ると、古い民家やビルが軒を連ねる。

「業界の風雲児」と呼ばれた満井忠男率いる不動産会社「三正」が、日債銀から多額の融資を受け、激しい地上げを展開した一帯だ。

都市銀行の本店や大企業の本社が立ち並ぶ丸の内や大手町からは、車でわずか五分ほどの距離にある。この近さから、バブル期には東京副都心構想が浮上し、六五年の会社設立後、三正は日債銀や住友銀行、あさひ銀行（二〇〇三年三月、りそな銀行）などと組んで、地上げした土地に自らビルを建設して賃貸する不動産会社に発展していった。

三正は八六年六月から九〇年七月までに、日債銀の融資を受けて神保町三丁目や一丁目、小川町三丁目の計六ヵ所（約千五百三十平方メートル）の土地を購入した。だが、銀行の不動産向け融資に対する規制強化で資金が続かず、その後の地上げが頓挫した。

日債銀はグループで神保町一ノ二の不動産約五百平方メートルに八六年六月、極度額十三億円の根抵当権を設定したのを皮切りに、九四年九月までに計三百三十六億五千万円の根抵当権を設置した。内訳は日債銀本体が二百五十二億五千万円、抵当証券会社で九九年一月に破産した日債銀モーゲージの子会社、総合マネジメントファクタリング（破産）が六十億円、ノンバンクの日債銀キャピタルが二十四億円となっている。

関係者によると、日債銀本体の融資のうち、バブル崩壊後の九二年一月の五億円と九四年九月の二十億円は、正常債権を装うため月々返済される金利分を融資する追い貸しの可能性が強いという。

三正が地上げを試みた六ヵ所のうち、古書店街の西端にある神田神保町三ノ一三は、台形状の約千三百七十平方メートルの宅地だ。三正は八六年末から土地の買収を始めた。日債銀本体から百六十億円、日債銀グループ全体では計百八十四億円の融資を受け、約千五十平方メートルまで買い進んだところで地上げがストップした。

日債銀が三正に融資する際には、当時、流行した持ち込み担保方式という手法がとられた。

融資限度額を地上げ開始前に八十五億円と決め、地上げに成功した部分の権利書と引き換えに融資する。その間、費用節約のため根抵当権の登記は留保した。約六百七十平方メートル分を買収したところで八十五億円に達すると、日債銀は根抵当権を設定した上で新たに七十億円の限度額を設け、三正はさらに地上げを進めたという。

九四年九月、この土地は日債銀が融資して直系の不良債権受け皿会社キングロード、サムフィールドが買い取った。二つの受け皿会社が抱えた含み損は計百数十億円に上ったとみられる。地上げし損なった一帯は虫食い状態となり、ビルを建てることはできない。レンタカー会社の営業所や月極《つきぎめ》駐車場として細々と利用された。

地上げを免れた住民の一人は「日債銀が資金を出していることは、みんな知っていた。三正は代替地の家の設計図まで用意して交渉に来た」と言う。


JR東京駅からほど近い東京・京橋にある不動産会社「三正」の本社ビルを訪ねると、十階の会議室で社主の満井忠男が、幾分甲高い声で説明を始めた。

「日債銀のほうが借りてくれ、借りてくれ、と頼むから、借りたんだ。こちらから頼んだことなんか一度もない」

民間の信用調査機関によると、バブル崩壊で保有する不動産の価格が急落した三正は、賃貸収入の激減と過大な金利負担で資金繰りが悪化し、九七年二月期で六百億円以上の債務超過状態だったとされる。

「日債銀からの融資に限らず、返さないんじゃない、返せないんだ。あんなに突然、不動産業者向けの融資のパイプを閉められてしまったら、生きているところまで死んでしまう。挙げ句の果てに今の貸し渋りでしょ」

日債銀の営業マンが三正に飛び込んできたのは、他の銀行に比べて遅かった。

「登記や書類の上ではノンバンクから借りたことになってるけど、ノンバンクの社員が来たことなんて一度もないよ。全部、日債銀本体の人間がやったんだから」

政治銀行と呼ばれた日債銀らしい融資がある。政治家らが密談に利用することで知られる東京・赤坂の高級料亭への貸し付けだ。

大物政治家の事務所が多く入居するビルや議員会館などにほど近い赤坂二丁目に立つ「料亭佐藤」。この料亭佐藤の土地や建物を所有する不動産管理会社エス・ティ・エステート（エス社）に日債銀は約三十億円を融資していた。エス社は八八年六月に設立され、料亭佐藤の社長を務める女将《おかみ》佐藤幸枝《さとうゆきえ》が社長を兼務した。その後、イ・アイ・イ・グループ関係者が社長を務めているが、佐藤も役員として残っている。

土地建物登記簿や関係者への取材では、エス社は八八年六月に港区赤坂二丁目の土地約百六十平方メートルを購入した。日債銀は土地と料亭佐藤が入るビル（地上三階地下一階）を担保にして同年十二月に二十五億円、八九年十一月に五億円の抵当権を設定する。

東京に数ある料亭の中でも、料亭佐藤は特異な存在といっていいだろう。この料亭で、イ・アイ・イの高橋治則が政治家や高級官僚の接待を続け、九五年六月には東京地検特捜部が家宅捜索している。

赤坂周辺で長く営業する不動産業者に話を聞いた。料亭佐藤の土地建物登記簿を見せると驚いたように言った。

「この不況下でも、確かに赤坂の地価は高い。しかし、この料亭の土地は現在の担保評価額で二億円程度ですよ。地価高騰時でも二十億円がいいところ。三十億円なんて明らかに貸し過ぎですね」「だいたい、料亭なんて高級なところは頻繁に客が来るわけではないんです。融資を受けた不動産会社は、料亭からの賃貸料だけで返済できるんでしょうか」

「東京・有名料亭の資産状況」と題された数十ページにわたる資料がある。東京各地の主な料亭の土地や建物などの資産を、登記簿などから詳細にリポートしている。資料を作成した人物は不明だが、政治家らが出入りする料亭を調べ上げることで、何かに利用しようとしたのだろうか。

自民党の派閥領袖《りょうしゅう》らが頻繁に通うとされる墨田区向島《むこうじま》の有名料亭の欄を開いても、大手都銀三行からの融資額は総額で約八億円だ。ほかのページをめくってみても、金融機関からの借り入れは数千万円からせいぜい十億円程度。地価が高いとされる赤坂の料亭でも、十数億円が限度で、それも数百平方メートルに及ぶ土地を担保に入れての話だ。わずか百六十平方メートルの土地とビルを担保にした料亭佐藤に三十億円も貸し付けることが、いかに異常なことかが分かる。

## 大蔵管理銀行

日債銀はバブル崩壊後、二度の大きな危機に見舞われた。これを乗り切るため経営陣が選択したのは大蔵省、日銀から幹部を受け入れ国家管理銀行として生き残ることだった。まず大蔵省理財局長、国税庁長官を歴任した窪田弘《くぼたひろし》を「三顧の礼」で九三年六月に迎え入れた。大蔵省の優等生でありながら天下り人事を避けた長銀とは対照的な道を選んだ。この人事は窪田が希望したものではなかった。大蔵省OBは一様に「おめでとう、という人はいなかった。大変だな、と思ったものだ」と口をそろえる。

頭取の窪田は役員報酬、賞与を返上して再建に当たった。九七年の直系ノンバンク三社の整理の際は、自ら一日十数社の出資先を回って謝罪し、「七キロもやせた」「日債銀に来てからは接待する側だ」と知人に話したりした。

窪田のあとを引き継いだ東郷重興《とうごうしげおき》は九七年七月、五十三歳で頭取に就任する。日銀時代にはニューヨーク、ロンドン、香港と世界の三大金融市場に駐在し、「国際派の切り札」として、九六年六月、常務で日債銀に招かれた。頭取就任が決まると「今どき金融機関の経営者になるということは運が良いということではないかもしれない」と冗談ぽく言いながらも「顧客需要に合う商品開発を積極化し、収益基盤を拡大する」と抱負を語った。

再建に心血をそそぎながら、のちに刑事被告人の身に転落した二人。九九年八月十七日、保釈され東京・小菅の東京拘置所を出た窪田は、弁護士を通じ「私心なく一生懸命やってきたのにこういう結果になって残念だ。将来性のある東郷君には気の毒なことをした。今後は皆さんの力を借りて日債銀を立派に再生していただきたい」とコメントした。無念さに満ちていた。

窪田が日債銀に来る前の九二年五月、最初の危機が訪れた。クラウンリーシング、日本トータルファイナンス、日本信用ファイナンスの直系ノンバンク三社が経営危機に陥る。日債銀は三社に出資している都銀、信託、生損保、地銀に金利減免を求める再建策を示した。

再建策の柱は次の三点だった。

①日債銀が三社に融資している二千三百億円の元本返済を猶予し、利息をゼロとする。
②クラウンには準主力の大和銀行が金利を現行七パーセントから二パーセントとする。
③その他の都銀、信託、地銀などは金利を現行六〜七パーセントから四〜四・七五パーセントに減免する。

慣例となっていたノンバンク再建策は、金利減免などの実質負担を設立母体の銀行が負い、他の金融機関は金利はそのままにして融資残高の維持にとどめるのが暗黙のルールだった。日債銀が打ち出した再建策は他の金融機関にも金利の引き下げを求める前例のないものだった。各金融機関は掟《おきて》破りと激しく反発。

「会長の頴川史郎を引責辞任させろ」

交渉はもつれにもつれた。

頴川の後任として会長になった松《まつ》岡誠司《おかせいし》は、関係金融機関のトップに

日債銀事件初公判で東京地裁に入る三被告。左から岩城忠男、窪田弘、東郷重興

直接会って頭を下げる。頴川の辞任や遊休不動産の売却、海外拠点の二割削減などのリストラ策を示すことで再建策提示から四ヵ月後の九月にようやく同意を取り付けた。

都銀役員の一人は言う。

「今思えば、その後の一時国有化への流れは九二年のこの時に始まっていた。当時、これを見抜いていれば、痛手を受けずにすんだのだが」

いったんは再建できたかに見えた日債銀だが、都銀側はこれを境に警戒を強める。九三年七月、ある都銀が極秘に作成した日債銀調査報告書は現状を徹底的に調べ上げていた。日債銀の問題債権を、①倒産企業、②再建支援先会社、③住宅金融専門会社（住専）の三つに分類し、日債銀本体と直系ノンバンクの融資額を列挙する。

倒産企業では不動産会社ナナトミなど二十社が記され、融資総額は八百十億円。再建支援先会社では第一不動産グループ、アポロリースなど二十六社、計八千八百二十四億円、住専は三千四百六十億円、その他三千三百八十億円の計一兆六千四百七十四億円もの巨額融資が「問題あり」と認定された。

その上で「日債銀の資金需要が逼迫《ひっぱく》しており、日債銀への貸付残高を海外支店も含め、毎日、本店に報告する」「今度は金融債の売り上げ不振から資金調達難が予想され、日債銀は厳しい状況が続く」とし「不良債権がかなりあり、当行が破綻の引き金を引いたと思われないよう少しずつ取引を減らしていく」という方針を決めていた。

　日債銀の崩壊は直系ノンバンクを軸に水面下で静かに進んでいた。

　直系ノンバンクのクラウンリーシング、日本トータルファイナンス、日本信用ファイナンス、日債銀モーゲージは、担保不動産の受け皿会社を計十九社設立していた。行内ではTHCグループと呼ばれていた。Tのトラスティベストと、Hのハピネス（九八年十二月に総合マネジメントファクタリングに改称）は日債銀モーゲージ系列。Cは日本トータルファイナンス系のコンストラクトの頭文字を取ったという。クラウンリーシング、日本信用ファイナンス系が入っていないが、日債銀関係者は「深い意味はない。ただ、言いやすいからそうなっただけ」と解説する。

　四社のうち、最も早く受け皿会社の設立を始めたのは日債銀モーゲージで九一年五月。トラスティベストが第一号だった。九二年五月になると、日本トータルファイナンスが、九三年八月には日本信用ファイナンスが、九四年六月にはクラウンリーシングがそれぞれ同様のペーパー会社を設立して、担保不動産の事業化に乗り出した。

　九六年二月には、日本トータルファイナンスが新たに受け皿会社二社を設け、それに合わせて既存の系列受け皿会社も日本トータルファイナンスの入居するビルに本店所在地を変更する。同年十二月に日債銀モーゲージが移転すると、系列の受け皿会社五社もここに移った。

受け皿会社がノンバンクの融資先から担保不動産を購入する資金は、ほぼ全額を日債銀が出し、受け皿会社を全面的に支援する態勢をとった。不動産の賃貸収入が利払いに充てられていたことから、これらの融資は表向きは第二分類とされていた。しかし、回収の見込みは、日債銀幹部が言うように「限りなくゼロに近い」ため、本来は回収に重大な懸念のある第三分類か回収不能の第四分類とすべきものだった。

平均株価が一万八千円を割り、円安ドル高が進んだ九七年一月ごろから、日債銀は金融債の解約が相次ぎ、資金繰りが怪しくなってきた。大蔵省銀行局は日債銀の担当者を呼び再建計画を練り始める。銀行局側は母体行主義を捨てクラウンリーシングなど直系ノンバンク三社の法的整理と海外業務からの全面撤退を求めた。日債銀側は「そこまでしなくても」「せめてアジアの拠点は残せないか」「損失処理を先送りできないか」と難色を示した。

毎日のように日債銀の担当者が大蔵省四階の銀行局に足を運び、深夜まで議論が交わされた。

九七年二月五日、日債銀の経営不安説が表面化し、市場に流れる。同行の株価は前年来の安値を更新、終値は前日比三五円安の一八一円を付けた。日債銀副頭取の西川彰治《にしかわしょうじ》は、同日夕、緊急の記者会見を開き「市場で流れた噂は全く根拠がなく、事実でもない。資金繰りも潤沢《じゅんたく》で経営に何の懸念もない」と不安説を強く否定した。蔵相の三塚博も「日債銀が破綻することは全くあり得ない。基幹銀行の一つであり、全面的に支持していくことに何ら変更はない」と援護射撃した。

だが、市場の圧力は弱まらない。経営不安にさらに追い打ちをかけるように三月二十一日には、米国の有力格付け機関ムーディーズ・インベスターズ・サービスが、日債銀が発行した総額約十兆円の金融債の格付けを、投資適格債としては最低の「Ｂａａ3」(元利払いの確実性が極端に高くもないが低くもない)からさらに一段階引き下げ「Ｂａ1」にした。ムーディーズ社の定義では、Ｂａ1は「投機的で、将来の安全性に不確実性がある」ことを意味した。日本の金融機関発行の債券が「投資適格」水準以下の評価になったのは初めてだった。ムーディーズ社は「同様な規模の銀行について先進国では例がない」と説明した。前年九六年十一月の阪和銀行（和歌山市）に続き、日債銀の破綻が現実味を帯び始めた。

## 奉加帳出資

九七年四月一日午前、系列ノンバンクの日本信用ファイナンス、日本トータルファイナンス、クラウンリーシングの三社が東京地裁に自己破産を申し立てた。負債総額は約一兆九千億円。融資していた他の金融機関には寝耳に水だった。

大蔵省は非常手段をとる。この日午前十一時、東京・霞が関の大蔵省合同庁舎四階の会議室に、まだ経営不安が表面化していない長銀や大手都銀など十二行の企画担当役員が集まった。大蔵省側から出席したのは審議官の中井省と銀行課長の内藤純一《ないとうじゅんいち》。

「日債銀の再建支援に協力していただきたい」

中井は経営不安説が流れる日債銀の立て直しに、主要株主の大手都銀や生命保険会社などに約二千九百億円の増資の引き受けを求めた。各社の担当者は、いわゆる奉加帳方式での出資要請があることは非公式の事前交渉で察しがついていた。

奉加帳とは寺院や仏堂の造営、建て替えなどで寄付を求める際に、氏名や財物などを記録する帳面のことだ。転じて一般の寄付を集める際にも使われる。

経営危機に陥った金融機関支援のため、大蔵省主導で民間金融機関などから救済資金を募る方式は、護送船団行政の典型といわれた。九五年の兵庫銀行（九六年にみどり銀行、九九年にみなと銀行）救済では、地元企業など約四百五十社から約七百十億円を集め、負担を強いられる金融界からは不満が続出した。

この日、大蔵省が示した奉加帳方式での増資内容はこうだ。

①日銀が八百億円の優先株を引き受ける。
②大手十二行が七百億円の普通株を引き受ける。
③保険会社二十二社が日債銀に出している劣後ローン（返済順位が低い無担保貸出債権）のうち千四百六億五千万円を普通株と優先株に振り替える。

融資をカネで返済せず、日債銀の株で返すというもので、融資側にとってはリスクの高い危険な取引といえた。

中井は、日債銀再建が日本の金融システムを維持する上で必要であることを説明したあと「皆さんに申し上げておきますが、大蔵省は逃げませんので安心していただいて結構でも忘れなかった。

中井が都銀の担当役員らに増資引き受けを要請した数時間後、窪田は日銀記者クラブで経営再建策を発表していた。

①海外五支店、七駐在所の閉鎖、現地法人の売却。
②本店、国内全営業店舗や所有不動産の売却。
③早期退職制度導入などで来年九八年三月までに行員六百人を削減し二千三百人とする。
④役員賞与返上、報酬五〇パーセント・カット（頭取は全額）。一般行員の給与なども一〇〜三〇パーセント削減。
⑤クラウンリーシングなど直系ノンバンク三社の支援断念、四千六百億円の不良債権処理。
⑥新金融安定化基金や関係金融機関に三千億円の増資を要請。

大まかな方針を発表した窪田は日債銀の将来像について「不良債権が一掃でき健全経営

を回復すれば、提携の申し出もあるかもしれない。外国銀行の傘下に入ってもよい」と述べた。金融ビッグバンを控え、生き残りをかけ思い切った資本関係・提携先を模索することを明かした。

巨額の赤字計上となるため、九七年三月期決算は無配となることも明らかにし、窪田は「リストラのめどがつき次第、できるだけ早期に自らのけじめをつけたい」と頭取辞任をにおわせた。

再建策を発表した直後の四月四日、頭取の窪田は東京都千代田区の日本生命東京本部を訪ね、社長の宇野《うの》郁夫《いくお》らを前に「MOF（大蔵省）の案、受け入れてくださるようご忖度《そんたく》願いたい」と深々と頭を下げた。

奉加帳方式の増資では、当初、日本生命や住友生命が難色を示していた。窪田は居並ぶ幹部の表情をうかがったが、即答は得られなかった。「MOF案だから、という強い調子が妙に耳に残った」と日本生命幹部は話す。

最も引受額の大きい日本生命の取締役会資料から、この間の動きを見てみよう。

日本生命は日債銀に対し五百億円の永久劣後ローン、百三十億円の期限付劣後ローンを持つ。このうち永久劣後ローンの半額の二百五十億円を普通株に、期限付劣後ローンの四分の一に当たる三十二億五千万円を優先株に振り分けるよう求められた。

日本生命側は「支払い順位や金利配当、流動性が劣後ローンと株式とは全く異なり、単純に振り替えることはできない」「海外業務継続のための資本充実策として協力してきたこれまでの劣後ローンは日債銀が海外業務から撤退するのだから返済するのが筋だ」とこの案をはねつけた。

五月下旬、当時常務だった東郷重興は日本生命などを訪ね、役員らに重ねて増資を要請した。しかし、内容は具体性を欠いていた。ある生保の取締役は「まるでひとごと。本当に命運をかけているのか」と、険《けわ》しい表情を見せた。

膠着《こうちゃく》状態を進展させたのは大蔵省との交渉だった。この中で、日本生命は永久劣後ローンをいったん全額返済させ、新たに二百五十億円の出資をした上で、残りの二百五十億円は期限付劣後ローンに、さらに日債銀再建が可能なことを大蔵省が確約するという妥協案を示す。

## 国有化のシナリオ

大蔵省は日本生命側の主張をほぼ丸のみして、九七年五月三十日付で審議官中井省の名で確認書を日本生命などと交わした。

①大蔵省は、この再建策は全関係金融機関の同意がなければ成立せず、日本生命がこれに応じなければ日債銀は破綻に陥る見込みである旨、確認する。

②大蔵省は、全関係金融機関の同意が得られ今回の再建策が実行されれば日債銀の再建が可能である旨、確認する。

③日本生命は今回の再建策協力により、一時的に筆頭株主になるが、これは再建策への協力によってなるものであり、従って日本生命に対して株主としての法的立場を超えて、今後新たな株主順位や保有比率に基づく追加的な負担を一切求めない。

④劣後ローンにかかる劣後事由は「破産および会社更生」に限定されており、大蔵省は、今後の金融機関の破綻ならびに再建に際して、劣後ローンの契約の趣旨を尊重する。

⑤日本生命が日債銀の第三者割当増資によって引き受ける普通株式（二百五十億円）のうち八十億円について、引受時までに日本生命が他の引受先を見つけた場合には、大蔵省はこれに異議を唱えることなく、必要な場合には日本生命の自助努力によってこれを行った旨アナウンスする。

この確認書を受けてようやく日本生命は増資を引き受けた。この間、日債銀は米国の大手銀行バンカーズトラストと業務提携を結ぶことで合意。撤退した海外事業の補完や、不動産証券化のノウハウの提供を受けると発表した。

日債銀の「今後の利益見込みについて」と題する九七年春作成の内部文書がある。B5判十六ページの中身は、奉加帳方式での増資が成功すれば、今後の日債銀の経営が安定、確実に配当できることをうたっていた。各社へ出資要請に回った際、日債銀はこの資料を示し「今後五年は年百七十億円の利益が見込めます」などと、増資の説得を続けた。

「利益見込みの諸前提」「利益見込みの概要」の項目に分かれ、参考資料として、前年度の決算状況表や有価証券報告書なども添付されている。

文書では、九八年度以降の金利を年率一パーセント上昇すると仮定した上で、資産規模は年二千六百億円の増加を見込んでいること、海外拠点撤退などの効果で年百億円の経費削減ができることなどを前提に、「繰り越し損失を早期に一掃させ、配当が可能となるよう今後五年は、年百七十億円の利益を見込んでおります」と結論づけている。

さらに不良債権について「損失処理は完了した。今後も十分に対応できる」などとも説明。九七年春時点の不良債権額を一兆二千三百三十億円とし、今後の想定額として一兆三千五百六十三億円（一〇パーセント増）、一兆四千七百九十六億円（二〇パーセント増）の二つの数字を挙げ、年百七十億円の利益を確保しながら、年四百七十三億円から三百八十八億円の損失処理をすることにより、既に準備している六千億円余りの引当金と合わせ四年から九年で引当率六五パーセントを達成できる、と説明している。

大蔵省は金融各社への奉加帳方式での増資要請後の四月十六日から日債銀の金融検査に入った。表向きは定期検査だが、実際には日債銀の不良債権額を大蔵省として確定し、再建可能なことをアピールするためだった。このため本来極秘の検査のはずが異例の公開検査となった。この検査は九七年一月に予定されていたが「経営不安だから大蔵省検査が入ったと言われると本当に破綻してしまう」と理由をつけ、再建策発表後まで検査を引き延ばしていた。

日債銀は再建策を発表した四月一日、回収に懸念のある第三分類債権はノンバンク三社を含め約五千五百億円と公表していた。しかし、五月中旬、金融検査部の速報値として第三分類が七千億円と伝えられた。この間、日債銀側は大蔵省側への働きかけを強める。

会長の窪田は大蔵検査担当の副頭取の岩城《いわき》忠男《ただお》らに「検査官をだますくらいの意気込みでやってほしい」などと檄を飛ばし、岩城らは、五月から六月にかけ、何度か大蔵省銀行局の複数の幹部を訪ねて泣きついた。

「検査官が厳しくて困る。何とかならないでしょうか」

陳情を受けた幹部は岩城に「主張すべきことは主張するように」とアドバイスする一方で、金融検査部に「日債銀の言い分をよく聞いてやってほしい」と異例の注文をつけた。

銀行局幹部の一人は「このようなことを金融検査部に言うのは異例だった。しかし、検査をゆがめる趣旨ではなかったし、実際に検査は適正に行われた」と釈明する。

日債銀をつぶさないことを最優先し、大手銀行や生損保各社に奉加帳方式の出資を要請した経緯があるだけに、金融検査部に圧力をかけてでも、日債銀を支援しなければならない事情があった。

日債銀と大蔵省は速報値をもとに増資要請先に「第三分類は七千億円で債務超過ではない」と説明して回った。これを受けて七月二十九日に二千九百六億五千万円の増資手続きが終了する。だが、金融検査部は九月十一日、九七年三月期の第三分類は一兆一千二百十二億円だったとの最終結果を日債銀に通告。しかし、頭取になっていた東郷は、十九日、最終結果に触れないまま日銀にも第三分類は七千億円と報告した。

金融検査部の結果が示されながらどうして日債銀が日銀に過少申告したのか。問題を複雑にしたのは検査結果に但《ただ》し書きとして「六千三百八十九億円」が併記されたことだ。

大蔵省の当時の担当者は説明する。

「当方は一兆一千二百十二億円という意見だったが、日債銀はどうしても七千億円を譲らない。それで両論併記となった」「この前の大蔵省検査で回収に注意を要する第二分類債権とされた支援関連企業（不良債権受け皿のペーパー会社）への融資を第三分類にされたことに強く抵抗し、折り合いがつかなかった」

問題になったのはトラスティベスト、ハピネス、コンストラクトなどＴＨＣグループのペーパー会社に対する数百億円単位の融資だった。検査官が尋ねる。

「これはどうやって回収するのか。回収見通しが立たないのなら第四分類と認定する」

「当行が全面支援しており、絶対につぶれることはない。金利の支払いは滞っていないし、若干だが利益も上がっている。百年かけて元本を返済する」と日債銀担当者が応じた。

検査官が追及しても日債銀の担当者は自己査定で分類した第二分類を頑として譲らなかった。一年前の長銀の検査と同じだった。むしろ日債銀のほうが、不良債権飛ばしには手慣れており、強硬だった。

金融検査部が第三分類債権を一兆一千二百十二億円としながら、日債銀がこれを七千億円とした裏に銀行局が了解していたのではないか、という疑念は強い。渋る日債銀を説き伏せて奉加帳方式による再建計画をまとめ上げた手前、自分たちの予想を超える不良債権額は納得できなかったに違いない。

大蔵省審議官の中井は日債銀救済策について「当時は破綻銀行を国有化する枠組みはできていなかった。もし大手行をつぶしてしまうと世界的な金融不安を引き起こすという懸念があったから、どうしても破綻させるわけにはいかなかった。行政が変わったのは、これらのシステムができあがった九八年からだが、本気で大手金融機関をつぶす覚悟なんてなかった」と言う。

日債銀粉飾の主な流れ

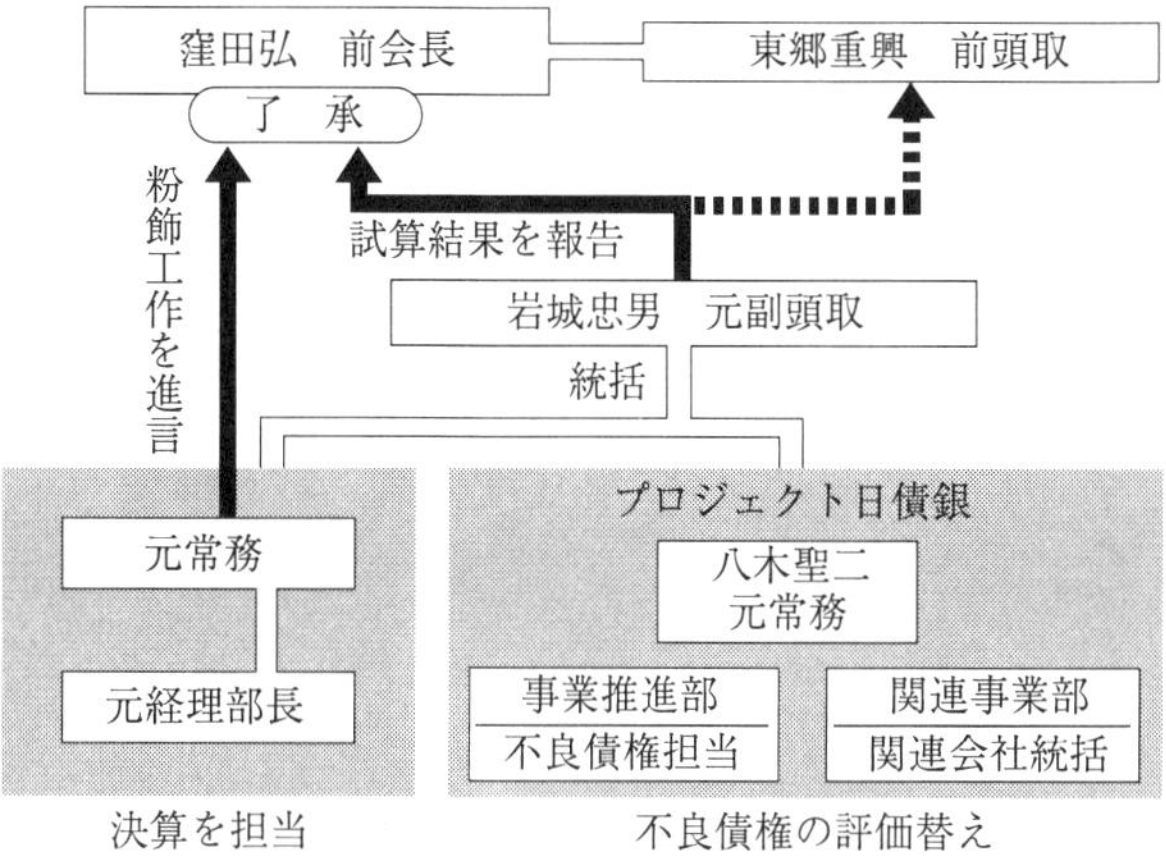


当時、銀行局内で第二地銀を担当し次々と整理していった別のチームからは、日債銀救済に奔走する中井らの姿が「ずいぶん時代遅れのことをやっているな」と映ったという。無《む》謬《びゅう》を自負する大蔵省にも内部からほころびが出始めていた。

九七年の危機を奉加帳方式による計約二千九百億円の増資で乗り切った日債銀は、九八年三月末を前に再び難問に直面した。金融危機管理審査委員会に六百億円の公的資金注入を認めさせなければならない。ＴＨＣグループ十九社に対する日債銀の融資額は約二千億円。これを第三、第四分類とし、他の不良債権と合わせて貸倒引当金を積めば債務超過に陥り、公的資金の注入は不可能になる。経営陣はどうしてもTHCグループ向け融資を第二分類に甘く査定する必要があった。

この作業に当たったのが、不良債権処理担当の事業推進部と、関連会社を統括していた関連事業部などを統合したプロジェクト日債銀だ。九七年九月に社内分社化で誕生した「会社」の「社長」で事業推進部担当常務の八木聖二が査定を、経理部担当常務の添田《そえだ》宏《ひろ》夫《お》が財務諸表の作成を手がけ、貸倒引当金などを試算した。

副頭取の岩城が九七年十一月、会長専任になっていた窪田弘に報告した。

「関連会社向け債権の評価替えで償却費用を節約すれば、資産超過を維持できます」

窪田は「時間をかけて引き当てていく方針でやってください」、東郷も「そうだね。それしかないね」と了承した。THCグループ向け融資は第二分類とすることが決まった。

海外業務から完全撤退し徹底的なリストラを進めた日債銀だったが、環境は少しも良くならなかった。株価こそ五〇円台前後で推移していたものの、内情は火の車だった。しかし、長銀問題だけがクローズアップされている間は、破綻を口にする関係者は少なかった。

長銀の破綻処理が始まって、半月余りたった九八年十一月上旬、総理府内の執務室で金

金融再生委発足で挨拶する柳沢伯夫金融相（98年12月）

融担当相の柳沢伯夫《やなぎさわはくお》は、金融監督庁幹部から三ヵ月にわたる資産検査の結果を告げられた。

「債務超過は明らかです」

指示を求めるようなまなざしを向ける幹部に柳沢は答えた。

「ルールに沿って検討してほしい」

一ヵ月後に現実のものとなる国有化のシナリオが動き出した瞬間だった。

金融監督庁は九八年七月から大手行の一斉検査に着手した。長銀を含む大半の大手行から検査官が引き揚げたあとも、日債銀だけは検査が続行されていた。長銀の検査では受け皿会社をめぐる評価が問題になったが日債銀にはまだ余裕があった。

「長銀の方は、何度かうちにも相談に来てましたよ」

ニューヨーク支店勤務時代、不良債権の受け皿会社を設立して事業化し、焦げ付いた融資の全額回収に成功した経験を持つ日債銀幹部が長銀問題で取材に答えた。

「米国でも大手銀行のシティコープがSPC（特別目的会社）を設立して、不動産の専門家を数多く雇って迅速に対応した結果、融資の回収に成功したケースがある。日本の銀行だって、みんなやってる。長銀だけじゃないですよ」

SPCは不良債権受け皿などのために設立された特別目的会社のことだ。

「ただ、米銀はSPCの存在やバランスシートを公開している。ここが日本とは違うところですよね」

分かりやすい解説だった。

「じゃあ、なんで日本の銀行はSPCの内容を公開しないんですか」

「うーん、それはなかなか難しいんだよな」

幹部の表情が、突然、曇った。結局、納得のいく説明は聞かれずじまいだった。日債銀にも数多くの受け皿会社が存在し、長銀と全く同じ構図であることが幹部の雰囲気から見て取れた。

## 命運尽きる

日債銀の検査でも受け皿会社が問題になった。

「ここはうちが支えるのだから債権は回収できます」

「収益の上がっていない赤字会社が負債を返せるとはとうてい思えない」

不良債権を買い取る受け皿となっていたＴＨＣグループなどのペーパー会社をめぐり、日債銀は一年前の大蔵省検査の時と全く同じに、今度は金融監督庁を相手に激論を交わしていた。日債銀の抵抗は強かった。不良債権などの資産査定をめぐる監督庁との綱引きは七月から延々四ヵ月にわたっている。奉加帳方式の増資に成功したあとの検査を何とか乗り切った日債銀は「今年度中に関連会社向けの不良債権を処理する」と訴えた。

今回は相手が違う。金融監督庁は「依然として貸倒引当金が少なく、不良債権の分類も甘い。担保不動産も過大評価だ」として一歩も譲らなかった。

不良債権化した融資の担保不動産をペーパー会社に購入させ、不動産賃貸業を営ませる手法は「担保不動産の活性化」「事業化」などと呼ばれた。購入資金は、もちろん日債銀が融資。利息分の返済には賃貸料が充てられる。ペーパー会社にはとても返済能力はないが、利息がきちんと支払われていれば貸し倒れの危険が小さいとして、引当金を積む必要はないとの主張だった。

日債銀側は、問題債権の資産分類は監督当局がはっきりしたルールを示していない間は、わずかな償却や貸倒引当金しか義務づけられない第二分類と位置づけておけばいい、と踏んでいた。だが、日債銀を含む銀行業界を取り巻く環境は大きく変化していた。九八年十月には破綻処理の枠組みを決めた金融再生関連法が国会で成立（十二日）、長銀が国有化された。臨時国会が閉幕した十月十六日、監督庁幹部は「いつまでもペーパー会社を見過ごせない。長銀と同じ基準を適用しなければ、検査の信頼と公平性が問われる」と言い切った。

長銀と同様、日債銀の受け皿会社に移した問題債権の大半は「第三分類」の不良債権に格下げされた。日債銀は五千億円を超える追加的な償却・引き当てを求められ、債務超過は避けられない事態となった。

「日債銀は十一月二十四日の中間決算発表ができないのでは」

市場関係者の間で不気味なささやきが漏れ始めた。

監督庁は、十一月十六日、九八年三月期で債務超過状態にあったとする検査結果を日債銀に伝えた。

日債銀にはこの苦境を逆転する最後の秘策があった。中央信託銀行との合併交渉だ。会長の窪田弘は既に合併話を進めていた。頭取の東郷重興と中央信託社長の遠藤荘三《えんどうしょうぞう》は十一月二十日前後に会談。十二月半ばをめどに具体的な交渉に入るか否かを判断することで合意していた。窪田という大物OBを送り込み、日銀出資や奉加帳方式による民間への出資要請、三月の公的資金投入によって支援を続けてきた大蔵省も、合併交渉を後押しする姿勢を見せていた。

ぎりぎりの交渉が続いていた十二月八日、東郷は国有化した長銀の頭取安斎隆を訪ねた。安斎は東郷が日銀国際局長だった時の担当理事で直接の上司だった。同じ香港駐在を経験したこともある。黒いソファに腰を下ろした東郷は疲れた表情で、変節した金融行政への不満をぶちまけた。

「どうしても納得できないことがあります」

「昨年の検査では正常債権への分類を認めていたのに今年は認められないという。それも昨年と同じ検査官です。昨年と違うと言っても、そんなことは知りません、と言われた。彼らは何の責任もないんでしょうか」

愚痴の聞き役に回っていた安斎は「金融行政は変わったんだ。変えることにしたんだ。だから、お前、そのことだけは言うな」と諭《さと》した。

安斎は最後に「でも、犬死にだけはするなよ」と言葉をかけ後輩を送り出した。似た経歴を歩み、自分は敗戦後の長銀処理、一方は敗戦の責任を問われる後輩に、安斎は運命のいたずらを感じた。

安斎のもとを去った東郷にもはや逆転打を放つ力は残されていなかった。中央信託は債務超過を察知する。この時点で日債銀の命運は事実上途絶えた。東郷と遠藤は、十二月九日、そろって記者会見した。両行とも債権回収代行会社の共同設立や、投資信託、デリバティブ（金融派生商品）といった投資手法の開発などで業務提携を検討していくことで基本的に合意したという内容だった。明るい表情の東郷とは好対照に、遠藤は「現段階で合併の選択肢はない」と述べ、合併断念を強調した。合併報道が先行する中で、ようやく発表にこぎ着けたのが提携検討だった。いわば苦し紛れの会見だった。

「合併を打診している間に、切り捨てるわけにもいかない」と推移を見守っていた金融監督庁は、国有化へのシナリオ実現に突き進んだ。電光石火の早業《はやわざ》だった。翌十日、監督庁には緊迫した空気が漂っていた。多額の不良債権を抱えた日債銀の単独での生き残りは不可能との見方が日に日に強くなるばかり。処理の遅れは、日本の金融システム全体の傷口を大きく広げ、政府への不信感を増幅させかねない。待ったなしの対応を迫られていた。

次長浜中秀一郎《はまなかしゅういちろう》を筆頭に監督部、検査部の幹部が勢ぞろいし、十一日未明まで断続的に協議が続いた。十一日夜、柳沢と金融監督庁幹部らとの協議で日債銀の一時国有化が最終決断された。仮に日債銀が国有化方針を受け入れない場合でも、金融再生法の規定に沿って一方的に特別公的管理を適用する方針が確認された。

再建の道は閉ざされた。

## 国有日債銀

市場の混乱を避け、当局主導の危機管理を実行するため、破綻の正式発表は十二月十三日の日曜日に設定された。奉加帳方式の出資要請から始まった「演出・主演＝大蔵省」の救済策が、一年半余で瓦解《がかい》した瞬間だった。

「監督庁が勝手にやればいい」と大蔵省幹部が突き放す。両者の亀裂は広がり、大蔵省を中心とした軟着陸路線が金融監督庁に否定されたことをはっきりと示した。

監督庁の決断は電子メディアを通じて速報された。日債銀は、十一日、政府が同行を一時国有化する方針を固めたとの報道について「当局から通知を受けておらず、コメントのしようがない」とする談話を発表した。衝撃は大きかった。九七年四月のリストラによって収益面に好影響が出ており、この夏から秋に大手行の株価が軒並み下落した局面でも、同行の株価は比較的安定していた。

中央信託との合併が破談に追い込まれたあと株価が下落したが、日債銀幹部は「このレベルなら大丈夫。預金、金融債の解約を求める客も少ない」と話し、最悪の事態だけは避けられると一縷《いちる》の望みを捨てていなかった。

翌十二日正午前、政府は東郷を呼び、金融再生法第三六条に基づく一時国有化に入るよう通告した。通告は約二十分で終了。前日から断続的な打ち合わせが続いているためか疲れきった表情の東郷は、報道陣の問いかけにも終始無言だった。

東郷は日債銀に戻ると、部長、支店長を集めて通告内容を伝達するとともに、並行して役員が最終判断を下すため経営会議を開いた。経営陣の一部は、資金繰り破綻などの事態には至っていないため、国有化にはなお抵抗感が強かった。しかし、週明けの店頭などでの混乱を避けるためにも大勢は早期に国有化を受け入れるべきだとの方向に傾きつつあった。

一時国有化への移行が十三日に正式決定されると日債銀は臨時取締役会を開き、政府に「債務超過ではない」とする弁明書を提出することを決め、正午前に弁明書を提出した。負け犬の遠吠《とおぼ》えだった。一時国有化になることについては争わず、形だけの抵抗にとどまった。

「今日の決定は私どもにとって極めて唐突と受け止めている」

その日夕、東郷は東京・兜町の東京証券取引所で記者会見し、政府の決定に不満を示した。東郷は「株主や取引先にご迷惑をおかけした」と現経営陣が辞任することを明らかにし深々と頭を下げたが、そのあと、「不良債権といっても、九九年三月期決算で解消される見込みだった。債務者の財務状況への認識など、金融監督庁との間で認識の違いがあった」と約百人の記者団を前に一時間を超えて持論を展開した。

さらに「不良債権も最初から不良だったわけではない。景気低迷が続けば不良債権増加は避けられない」「不良債権を切り離すという意味で、今後、公的管理に手を挙げる金融機関も出てくるのではないか」と半ば開き直りともとれる発言を繰り返した。

「不良債権化した融資の担保不動産を受け皿会社に移して活性化させるのは、米国でもやっている。日債銀がやっているのもこれと似たようなことだ」

東郷とともに会見に臨んだ副頭取の岩城忠男が説明した。詰めかけた記者の一人が切り返した。

「では、なぜ受け皿会社の存在を隠すのか。米国の銀行はこうしたＳＰＣの存在を公開しているではないか」

岩城はこれに明確な回答ができなかった。

これに先立ち総理府で会見した金融担当相の柳沢は「金融システムの安定化は国家の危急の課題」と今回の措置の意義を強調したが、日債銀が債務超過に陥っていたとされる九八年三月段階で国が公的資金を投入した責任について追及されると「銀行と監督庁の間で資産分類に違いがあるときにどうするかはこれからの課題だが、今回はどう考えてみてもわれわれの見解が正当だった」「当時の制度の中ではベストを尽くした判断と思う。われわれは新しい時代に入った、ということで理解してほしい」と述べるにとどまった。

首相の小渕恵三も談話を発表した。日債銀の預金、金融債、銀行間取引、デリバティブ取引などの負債は全額保護されると同時に、善意かつ健全な借り手への融資も継続されると訴え、利用者の冷静な対応を呼びかけた。

一時国有化が決定して一夜明けた十四日の月曜日、東京都千代田区の日債銀本店には午前七時ごろから行員が出勤し始めた。最寄りの地下鉄九段下駅の出口前には報道陣のカメラがずらりと並び、地上に出てきた行員は足を止めることなく、少ない言葉に無念の思いをにじませた。

男性行員（当時四五歳）はコートの襟を立て白い息をはきながら憤りをあらわにした。「短兵急ということです」「次の決算までに不良債権処理の答えを出すと言っているのに、政府は国有化を待てなかったのか」

ほとんどの行員は報道陣の質問を無視し、硬い表情のままだ。「ニュースで知ったが、何とも言えない気持ちだ」「業務を得意分野に絞って頑張るしかない」……。

大蔵事務次官の田波耕治は記者会見で「こういう事態になったことは残念だ」と述べ、

債務超過ではないとして九八年三月に資本注入に踏み切ったことに反省の弁を述べた。田波は資本注入の担当官庁だった大蔵省の行政責任に関しては「日債銀支援は破綻処理の枠組みができる中途段階だったと思う。振り返ってみて行政のあり方に問題がなかったかどうかは、歴史の検証に待ちたい」と話すにとどまった。

翌十五日。金融機関の破綻処理や危機管理を担う金融再生委員会が正式に発足した。債務超過に陥った日債銀の処理をはじめ、長銀の運営監視や経営責任追及、大手行への資本注入など、直ちに取り組むべき多くの課題に直面している。新頭取になる前日銀発券局長の藤井《ふじい》卓也《たくや》らに、二十五日、預金保険機構から選任状が交付され、国有日債銀が本格的にスタートした。

頭取に藤井を起用した理由について、金融再生委員会の柳沢委員長（金融担当相兼務）は「金融の高い専門性と中立性が要求され、日銀出身者にお願いするのが最もふさわしい」と述べた。藤井は東大経済学部卒業後、六八年日銀に入り、企画局次長、政策委員会室長を経て九七年七月から発券局長をしていた。日銀時代は東郷の二年後輩に当たる。

国有日債銀の人事を固める際に、柳沢は「リストラを実施する観点から、産業界出身者の起用も考えた」という。確かに、日銀からのトップ登用をためらわせる理由がなかったわけではない。破綻した時点の日債銀の頭取が元日銀局長であったことが最大の理由だ。長銀や再生委員会の枢要ポストに相次いで日銀出身者が起用されており、一連の人事のかやの外に置かれている大蔵省も水面下では不満をくすぶらせていたが、反駁《はんばく》する力はなかった。

「本日、弊行取引先の下記十五社が東京地方裁判所より破産宣告を受けました」

日債銀の経営破綻から一ヵ月が過ぎた九九年一月二十九日、日債銀が配布したA4判四枚のプレスリリースには、カタカナの会社名がずらりと並んだ。プロンプト、総合マネジメントファイナンス、スダサービス……。

リリースは続ける。

「本件十五社は先般、同じく東京地方裁判所より破産宣言を受けた日債銀モーゲージを経営主体としており、弊行グループの支援を受けて事業を展開しておりましたが、平成十年十二月十三日付の弊行の特別公的管理開始決定ならびに平成十年十二月十六日付の日債銀モーゲージ破産宣告に伴い、経営が行き詰まったものです」

異様なのは、十五社の所在地と代表者、事業内容がすべて同じだったこと。所在地「東京都千代田区九段北一丁目十四番二十号」、代表者「中村展雄」、事業の内容「金銭貸付および信用保証、有価証券の取得および運用、不動産の所有、賃貸および管理」。所在地は日債銀本店の目と鼻の先、代表者は九六年、金沢支店長を最後に日債銀を退職し、日債銀モーゲージに入社した日債銀OBだった。十五社に対する日債銀の貸出金残高は合計で千七百三十四億円に上った。

金融検査のたびに問題になってきたペーパー会社群、THCグループだった。日債銀の破綻直後からささやかれていた、長銀と同様の受け皿会社を使った不良債権飛ばしの構図がその一端を現した。日債銀の粉飾決算事件の舞台は、このグループに対する融資だった。

# 第4章　立件

## 自殺

ゴールデンウイークが明けた一九九九年五月六日午前十時すぎ、東京都杉並区の青梅街道に面したビジネスホテルの一室で、浴衣のひもを部屋の入り口近くにある天井の換気口にくくりつけ、首をつった男の遺体が見つかった。部屋には手を付けていない缶ビールが一本置かれている。妻にあてた遺書はホテルの封筒に入れられ、しっかりとのりづけされていた。

男の名前は上原隆（当時五九歳）。元頭取大野木克信らが有価証券報告書虚偽記載の罪に問われた九八年三月期決算の作成を直接担当した副頭取として、東京地検特捜部の事情聴取を受けた直後の死だった。

上原は国際派のエースとして、長銀が破綻さえしなければ大野木の次の頭取と目されていた人物だ。長銀が過剰融資にのめり込んでいった時代のほとんどを海外で過ごし、問題となった一連の不動産融資に関与していない。長銀立て直しに適任とみられた。

帰国と同時に不良債権処理に奔走、九八年八月に経営責任を問われ、取締役に降格される前日まで取引先を回り、頭を下げていた。

「暴風の中で立ちすくむ毎日だった」

上原は、生前、取材に対し、一時国有化までの数ヵ月間をこうたとえた。慎み深く上品な印象だった。一方で、内部では上原が捜査当局の取り調べに精神的に耐えられるか、心配する声も上がっていた。

上司だった元副頭取の水上萬里夫は「なぜ上原君が死ななければならなかったのか」と話す。

自ら手を染めていない狂乱融資の後始末の末、命を断った上原に同情を寄せる関係者は多い。

上原は、六四年、東大経済学部を卒業後、入行した。入行直後の上原を元専務の竹内宏が、行内の図書室で見かけている。

「仕事が引けると、夜の八時すぎまで熱心に英語の分厚い本を読んでいた。米国の議会、上下両院の資料だった。すごいやつが入ったもんだ、と思ったね」

金融債の販売などの営業を経たあと、社命で米国シカゴ大学に留学すると、上原は現地の電話帳を引っぱり出し、片っ端から電話をかけ始めた。

「洗剤販売会社の者です。アンケートに協力してもらえませんか」

水上は「英会話にそれほど自信がなかったのか、練習のために、アンケートのふりをして電話をかけていたらしい」と言う。特捜部の取り調べに耐えられないような気の弱さはなく、活発でエネルギッシュな一面を見ることができる。

この時の経験が生きたのか、上原は米国の取引先との信頼関係を着実に築いていった。八〇年、米国西海岸の港湾建設プロジェクトを長銀が請け負った際、海外プロジェクト担当だった上原が企画、現地での交渉まで受け持った。

常務としてプロジェクトの責任者となっていた伊沢勉は「私は上に担《かつ》がれて、乗っかっていただけ」と言いながら「非常に格調高い、しっかりした英語を身に付けていたし、考課表を見て驚くほど優秀だった。快活、明朗な性格で当時のユタ州知事をはじめ、取引があった各州の幹部からかわいがられていた。みんな上原のウが発音できずユエハラ、ユエハラと親しみを込めて言っていた」と当時の上原を思い出す。

長銀が投資銀行業務への転換を打ち出した八五年の「第五次長期経営計画（五次長計）」の策定でも、水上の下で企画室長として深くかかわった。上原は量より質の転換に成功したバンカーズ・トラストの例を参考にするため、部下一人を連れて米国で精力的な調査をする。水上は、上原が五次長計で大きな役割を担ったことを明かす。

「規模の拡大が利益の拡大に結びつかない。投資銀行業務への転換をスリム化した組織と人員で達成していく。そういう五次長計の理念は上原の銀行観を色濃く反映していた」

九〇年七月、上原はニューヨーク支店長兼ケイマン支店長に栄転し渡米する。翌年には取締役。九四年六月に帰国し、国際舞台での手腕だけでなく、その高い事務能力を買われ九五年七月に財務部門や大蔵省との折衝などを受け持つ企画部長（のちの総合企画部長）となり、国内の表舞台に上がる。

この時、長銀は上原が描いた五次長計の理念から大きく外れ、目先の利益を追った不動産融資は、既に膨大な不良債権に姿を変えていた。

「上原が担当役員になった時には不良債権にしても、飛ばし処理にしても、どうしようもないところまで行っていた。もうレールはできあがっていて、彼がどうこうできるレベルではなかったんだ」と水上は証言する。

行内の変革に奔走していた上原は、たびたび水上に助言を求めた。いつも「なかなか急には変わらないんですよ」とこぼしていたという。

上原は副頭取を退くまで総合企画部を担当し、九八年三月期決算を作成、大野木とともに決算の最終的な決裁を行った。この決算が粉飾として捜査の対象となり、上原は長銀破綻の責任追及の矢面に立たされることになった。

その上原の性格を「寝技が苦手、正面から議論していくタイプ」とある長銀元常務は話す。

上原の胸に去来した思いは何だったのか。

「粉飾決算を表に出す勇気がなかった。いや、できなかったんでしょう。当時は、政府、大蔵省を含めた周りが長銀をつぶすな、の大合唱だった。つまり、うまくやれということ。そういう立場に上原君はたまたま座っただけ。一方では嘘《うそ》をついたのはけしからん、と非難される。反論はできない、できなければ仕方ない。悩む必要はないんだと思うことができれば、彼は死なずにすんだ。上原君は良心的だったんじゃないでしょうか」

伊沢勉は唇をかんだ。

上原は東京地検の事情聴取を受けた直後から、人が変わったように落ち込んでいたという。家族に「疲れた」と漏らしていた。

五月五日、特捜部による上原の任意の事情聴取が報じられると、上原の自宅には早朝からマスコミの取材電話が殺到した。上原は家族に「家の周りにマスコミが来るかもしれないから」と言い残し、朝食もとらずに家を出た。

自宅の南約二キロのビジネスホテルに家族が午前中に予約を入れ、シングルルームにチェックインしたのが午後三時ごろ。警視庁杉並署によると、死亡推定時刻は六日午前一時ごろだ。上原は、五日午後四時前、部屋から市外に電話をかけ、午後六時五十分ごろまでに計五回の電話をかけている。ほとんどは家族にあてた電話で、「着替えを持っていきましょうか」という家族に「マスコミにつけられたら困るから」と断った。

自殺をするようなそぶりは全くなかったという。六畳ほどのシングルルームの一室で、約十時間、上原は何を考え、どう過ごしていたのか。遺書の内容も、家族を気遣う言葉があったこと以外、明らかにされていない。

ある元専務は「気働きがよくでき、相手の面子《メンツ》を立てながらまとめていく人だった。自分は不良債権をつくったわけでも、処理を先送りしたわけでもない。事情聴取にもあの人がこうやったと言うしかないじゃないか。自分がやったことならともかく、人をおとしめることを言うのが、たまらなくつらかったに違いない」と述べ、別の元常務は「自分が信じる銀行と現実との乖離《かいり》に悩み苦しんでいたんじゃないか」と推測する。

さらに元常務は「長銀を破綻させた連帯責任のようなものは上原にもある。だがバブルと関係なく、不良債権隠しにも関係ない完全な国際派の上原は、情報から疎外されていたのかもしれない。情報不足の中での厳しい事情聴取がこたえたのではないか」と言う。

一連の取材で、さまざまな非難が飛び交う中、上原を悪く言う声を聞くことはなかった。マスコミからの激しい取材攻勢にもさらされたが、上原をよく知る関係者は「人を恨むようなことは一切なかった」と話した。

取材を申し込んだ上原の同期行員の一人は、断りの手紙の中で「長年の僚友の死は、いまだに言いようのない悲しさとして心を締め付けています」と記している。

## 密室の中

上原隆を自殺に追い詰めた不良債権隠しは密室の中で進められた。長銀に設置された内部調査委員会は旧経営陣の密室のベールを少しずつ暴き出していった。金融再生法第四三条は「特別公的管理銀行の経営者の破綻の責任を明確にするための措置」として、銀行の経営実態を解明し、旧経営陣の刑事告訴や民事上の責任追及を義務づけている。膨大な融資資料、内部文書の分析に弁護士、公認会計士が当たった。不良債権は一体いくらあるのか。とてつもない額だと予想はしていたが、実態はなかなかつかめなかった。気の遠くなるような作業が続いた。

長銀の内部調査委員会は第二東京弁護士会の副会長を務めた弁護士川端和治《かわばたかずはる》が委員長となった。数枚の文書が調査委員会のメンバーの目にとまる。「資金及び資産の貸借状況」「関連・親密会社グループ一覧」「事業化会社群設立年譜表」。資料は破綻の前後、事業推進部の資料をもとに作成された不良債権隠しの全容を示す極秘文書だった。

資料は、長銀本体の不良債権受け皿会社を大きくエヌアールグループ、日比谷グループ、エル都市開発の三つのグループに分け、不良債権を隠す手口を解き明かしていた。その歴史は堀江鉄弥の頭取時代までさかのぼる。

エヌアールグループの中核会社は九一年十二月に設立されたエヌアールコーポレーション（東京都渋谷区）だった。グループは九四年七月までに、同社や長銀系ノンバンクなどの出資でティエフコーポレーション、シーキューコーポレーション、六本木建物、エーケー開発、四谷プランニングなど、ほぼ破綻先ごとに十二社を設立し、保有不動産は計十五件に上る。

ほとんどがペーパー会社で、イ・アイ・イ・グループなど大口融資先の不良債権処理に使われた。全社が債務超過状態で、グループ全体の超過額は計百四億円になる。

日比谷グループは東京都港区に登記上の本社を置く日比谷総合開発を中心とする六社で構成されていた。九四年二月に系列ノンバンクなどが出資して設立された日比谷総合開発を皮切りに新橋総合開発、有楽町総合開発、内幸町地所などが九七年までにつくられた。

破綻先ごとに設立されたエヌアールグループとは異なり、系列ノンバンクの担保不動産などを次々と引き取り、グループ全体で百八十二件もの物件を抱え込んでいた。全体の債務超過額は計百七億円になる。支援がなければ、いつつぶれてもおかしくない財務内容だった。

日本ランディック系列の会社が全額出資して九〇年八月に設立したエル都市開発は、もともとは不動産賃貸業などを目的として設立された。事業推進部がつくられた九二年六月以降、系列ノンバンクの担保や長銀保有の株式の受け皿会社として機能するようになった。

「社名もランディックの頭文字のL《エル》を取って付けられた。不良債権隠しのための会社というわけではなかった。でも、設立の経緯からとりあえずエル都市開発に移しておけ、ということになったのだろう」とランディックの元監査役は言う。

九五年四月まで頭取を務めた堀江鉄弥、あとを継いだ大野木克信の時代に不良債権隠しの中核会社となり最終的には東京都港区などに二十八件の物件を保有し、二千九百三十九億円もの資産を抱えていた。それを上回る巨額の負債もあり、債務は資産を百四十二億円上回る三千八十一億円。完全な債務超過だった。

九四年以降、長銀が受け皿会社に物件購入用として融資した資金は六千九百六十億円に上る。内訳はエヌアールグループに千四十一億円、日比谷グループに三千九百五十五億円、エル都市開発に千三百七億円。さらに日本ランディックなど系列ノンバンク五社にも六百五十七億円の資金が流れていた。それぞれのグループに流れた資金が、そこを素通りして別のグループにも流れる。一例を挙げれば、中核のエル都市開発には日比谷グループなどからも資金が還流し、実際の融資総額は三千四十九億円に達していた。

資金を回しているうちは受け皿会社の資金繰りは、表面上、正常のように見えた。長銀が担保に取ったが価格が下落している不動産二百二十五件は、三グループの計十九社が担保設定時の簿価に近い価格で購入している。塩漬けになっている株式も計二千二百七億円でこれらの会社が引き取り、評価損は水面下に隠された。

不良債権飛ばしの受け皿となったのは十九社ばかりではなかった。「関連・親密会社グループ一覧」という文書では、さらに日本リースなど系列ノンバンクが設立し、利用した受け皿会社を列挙していた。

事業推進部はノンバンクなどの関連企業群を出資比率などで「関連会社」と「親密会社」に大きく分け、関連会社には長銀リースグループ、ランディックグループなど四グループ、親密会社には日本リースグループ、エヌイーディーグループなど七グループが記載されていた。

それぞれのグループはさらに中核会社を頂点にして、関連会社を機能別会社（本業・多角化会社、ファイナンス会社）、営業貸付資産管理会社、不動産管理事業化会社、出資会社、現法（海外現地法人）に分け、長銀本体の十九社を含め総数百九十七社に上った。資料は、うち九十九社を不良債権飛ばしの受け皿と認定していた。

「どこでこんなものを」

文書を見た長銀幹部の一人がやっと重い口を開いたのは九八年十二月中旬のことだった。

「全容を知っているのは行内でも数人だけですよ。私にも全部は分からない。しかし、私の知っている範囲では極めて正確です。間違いありません」

そう語った幹部は、一瞬、間を置き、意を決したように続けた。

「でも、これだけは分かってほしい。いいですか、銀行にとって不良債権隠しは麻薬と一緒なんですよ。麻薬が言い過ぎなら痛み止めと言い換えてもいい。医療で使うモルヒネですよ。痛くて痛くて仕方ないから一時的に隠すことによって痛みを抑えた。地価と株価が回復する日を期待してね」

「しかし、地価も株価も持ち直さない。含み損は膨れ上がるばかり。最初は一時的に痛みを抑えるつもりだったのに、最後はモルヒネ中毒になってしまった」

バブル崩壊で急激に膨張した不良債権を自らの融資でペーパー会社に移し替える手法は、地価と株価の回復に望みをかけた窮余の策だった。

重視されたのは決算対策だった。幹部は言う。

「銀行は信用商売。赤字決算をすれば預金を引き出されてつぶれてしまうという恐怖のほうが大きかった」

だが、内部調査委員会が破綻後にまとめた報告書は厳しく断罪している。

「地価が下落しているとき、不良債権を凍結するのは、腐った肉を冷凍庫に入れても、元に戻らないのと変わらない」

日本リース関連の受け皿会社を訪ねた。

東京都港区浜松町一丁目のビルは、アザレアコーポレーション、エリカ企画、クリメニア商事、ジェイエル物流などの関連会社が本社を登記していた。いずれも不動産売買や管理を業務目的とし、日本リースや関連会社からの出向者が役員に就いているが、登記上の本社に社員はほとんどいない。ビル一階の二つの郵便受けに十四社の名前があるが、ビル内には事務所のジェイエル物流の社員二人がいるだけだった。

手持ちぶさたにしていた社員が答える。

「特に何もしていない。業務はすべて日本リースがやっている。自分たちも日本リースから派遣されてきた」

法人登記簿を閲覧すると、十四社の役員には日本リースの社員がかけもちして就任している例が目立つ。中には五社の役員を兼任しているケースもあった。残る十三社の実体について尋ねても社員は「分からない」を繰り返すばかりで要領を得ない。

「ジェイエル物流の前社長は、かつて日本リースの社員だった。でも、会社が何をやっているかは知らない。すべては日本リースに聞いてほしい」

九六年まで日本リースの本社があった千代田区有楽町一丁目のビルや現在の本社がある中央区銀座二丁目のビルには計十七社が登記されている。このうち都地所（八八年一月設立）、葛西不動産（八六年九月設立）など六社は有楽町ではなく、中央区日本橋蛎殻《かきがら》町一丁目のビルにプレートを出していた。

日本橋蛎殻町一丁目のビルも、階段の上り口をふさぐ形で関連会社の名前を張ったドアがあるだけで二階から上は真っ暗で人が居る気配すらない。

「人が出入りするのを見たことがない。会社があるなんて思ったこともない」と、同じビルの一階にある別会社の女性社員は言う。

日本リースの有価証券報告書（九八年三月期）にはアザレアコーポレーションへの約百七十九億円、都地所への約二百五十六億円、葛西不動産への約百八十二億円の融資などが正常債権として記載されているが、ほとんどの会社については具体的な記載がなかった。有価証券報告書に載せることがはばかられる事情があったことをうかがわせた。

## 隠蔽操作マニュアル

調査委員会はさらに「回議用紙」と記された一通の決定的な文書を見つける。「至急 Urgent」「秘 Secret」と刻印され、「文書番号82号」。「件名 Subject」欄は「自己査定運用規則ならびに細則制定の件 ～特定関連親密先・系列ノンバンク～」（以下「独自基準」）。決裁日時は「97Y（年）12Mo（月）29D（日）」。表紙には当時の副頭取須田正巳ら、長銀幹部計九人の捺印《なついん》。長銀本体や系列ノンバンクが設立したペーパー会社に飛ばした債権を回収可能として帳簿上処理する一種のマニュアルだった。決算を粉飾する具体的な手法を示したとみられ、九八年三月期の決算対策として作られたことは明らかだった。金融監督庁が九八年七月からの検査で問題にした自己査定もこの独自基準をもとに行われた。東京地検特捜部もこの文書を押収。これがのちに違法と知りつつ決算を粉飾させたとされる頭取大野木克信らの犯意解明の突破口となっていく。

この独自基準が作られた経緯を追ってみよう。

大蔵省は金融ビッグバンを控えて九八年四月から、各金融機関による自己査定を義務づけた。経営悪化に苦しむ金融機関の経営を健全化させるためとされ、査定は融資先の経営状況などを判断し、貸付金が回収可能かどうかを四段階で分類するものだ。

第一分類は「健全」、第二分類は「注意は必要だが直ちに不良債権化の恐れは少ない」、第三分類は「利払いが滞るなど融資先の経営が悪化し回収に重大な懸念がある」、第四分類は「倒産などで回収困難な状態」と規定し、一般的に第三、第四分類が不良債権とされる。

長銀の独自基準は一部の関連会社、融資先企業や系列ノンバンクを特定関連親密先とし、その融資を一般債務者と別の評価基準で査定し、原則第二分類（要注意債権）とするよう定めていた。「特定関連親密先等について、通常の一般債務者と同様の基準で債務者区分・資産分類を行うことは、当行の経営関与度の高さ等を勘案すれば適当ではない」と評価替えの必要性を強調していた。

さらに特定関連親密先を二つに分ける。

①経営支援先＝当行の経営支援先ならびにその企業と一体として損失処理を計画している先
②経営支援実績先＝当行が過去に経営支援を行っていた先

簡単に言えば「いつつぶれてもおかしくない会社でもわれわれが支援しているのでつぶれない。だから回収に重大な懸念はなく、一般とは別の評価をする」という解釈だ。もっともこれらの企業をつぶすことは、すなわち、長銀の死を意味しており絶対に認められないことだった。

独自基準は続く。この二つの企業群のほかに、第三の企業群として不良債権隠しの中心となった特定先企業が登場する。この三十社こそ大野木らの不良債権隠しの核心、と捜査当局は判断した。

前述した長銀本体の受け皿会社の日比谷総合開発、新橋総合開発、有楽町総合開発、エル都市開発などを列挙して「特定先」とし、第三分類（破綻懸念先債権）や第四分類（回収不能債権）であっても、第一分類（正常債権）か第二分類（要注意債権）とするよう指示していた。

さらに「エル都市開発、日比谷総合開発、新橋総合開発、有楽町総合開発ならびにその関係会社が要注意先に区分された場合にはその事業趣旨にかんがみ、保有する不動産・有価証券等の資産の評価損ならびに繰越欠損に相当する金額を第二分類とする」とし、孫会社も要注意債権に区分している。

長銀は六千九百六十億円もの不良債権を、この独自基準を使って回収可能と分類していた。

この独自基準はだれが作ったのか。

文書の起案部室店には事業推進部の部長をはじめとする担当係長までの計四人、合議部室店としてリスク統轄部の部長以下三人、これに総合企画部長が加わっていた。基準は不良債権処理を一元的に管轄した事業推進部が中心となって作成、その過程でリスク統轄部などと協議し、最終的に決算作成部門である総合企画部などの承認を得ていた。

事業推進部は前述の通り長銀本体などの抱えた不良債権を受け皿会社に移し替える作業の中心部隊だった。リスク統轄部は不良債権やデリバティブ（金融派生商品）取引による損失など、銀行が受けるリスクの総合的な管理を担当していた。総合企画部は大蔵省との折衝や、経営計画などを作成する銀行の中枢部門で、九八年三月期決算の作成でも中心的役割を担っていた。

決裁をした幹部の一人を訪ねた。

「独自基準の存在についてお話をうかがいたいのですが」

インターホン越しに文書入手の事実を告げると、幹部は「分かりました。お待ちください」と小声で応じ、玄関のドアを開けた。

幹部は覚悟を決めたようにゆっくりと、落ち着いた口調で語り始めた。

「あのころね、行内で自己査定を初めて導入するということになって、とにかく規則を作らなければということで作ったんですよ。大蔵省の出したガイドラインというのに沿ってね」

幹部は独自基準が大蔵省の意向に沿って作られたとした上で、こう続けた。

「関与したのは捺印した人間だけじゃありません。大野木さんももちろん承認していますよ。当たり前でしょう。最後は頭取以下が出席する常務会で承認されたんですから」

基準は九八年三月期決算対策用に作られ、大野木らの関与を認めた幹部は「不良債権を意図的に隠そうとしたのではないか」との問いにはこう答えた。

「そんな意識はなかったと思う。そりゃ、少しは良く見せようという気もあるにはありましたけどね」

捺印した別の幹部の一人も証言している。

「どこの世界に、自分のところが面倒を見る会社を第三分類なんかにするところがありますか。そっちの発想のほうがおかしい。あなたたちは自己査定が甘かったって言いたいんでしょうが、それじゃ監査法人は一体何をやっていたのかっていう話になるじゃないですか」

そして、こうも言うのだ。

「日銀だって大蔵省だって分かっていたことですよ。日銀の検査の時だって、最後まで系列ノンバンクと親密先が残って、ずいぶん詳しく調べたけど、結局は何も問題にならなかったんですよ。長銀がつぶれたから問題にするなんて、まるで後出しジャンケンみたいなものじゃないですか」

「大蔵省の指示に従っただけ」と訴える幹部の主張には確かに根拠があった。

都銀幹部が言う。

「護送船団方式の優等生だった長銀が大蔵省の意向を無視するはずがない。言われた通りにやるか、やったことは必ず報告したはずだ」

その証明が、系列ノンバンク向け融資を第二分類とすることを大蔵省が事実上認めたと受け取れる通達と、大蔵省金融検査部が九六年に実施した検査結果だというのだ。

## 不明確な大蔵省通達

まず通達から見てみよう。

問題となったのは大蔵省金融検査部が九七年三月五日付で全国銀行協会連合会あてに出した「早期是正措置制度導入後の金融検査における資産査定について」（通称ガイドライン）という通達だ。金融機関の資産の自己査定について解説し、債務者の状況を「正常先」「要注意先」「破綻懸念先」「実質破綻先」「破綻先」の五つに分類した。

その上で、正常の第一分類、要注意先の第二分類、そのほかは担保処分や保証による回収が可能な場合を除き、不良債権とされる第三、第四分類にするよう指導していた。しかし、一般債務者とノンバンクを含む関連会社向け融資の区別が明確でなく、金融機関の現場で解釈が分かれ混乱した。

このため全銀協は同年七月二十八日付で「『資産査定について』に関するQ&A」(Q&A)と題した文書を各金融機関に配布した。その中で系列ノンバンク向け貸出金の査定方法を十項目にわたって解説し、債務超過状態の系列ノンバンクの扱いは、こう記されている。

「単年度で解消可能な場合は非分類(第一分類=正常債権)。自行が金利減免または元本棚上げ等の支援を行っている場合は、原則として貸出金の全額を第二分類とする」

銀行が経営支援していれば、いずれにしてもほとんど引当金を積む必要がない債権として扱っても構わないとも受け取れる表現だった。この文書に「当局とも相談の上、取りまとめた」と書かれていたことから、長銀は「大蔵省が認めたものだ」と判断して、系列ノンバンクに加え、自ら丸抱えする受け皿会社への融資に適用、貸倒引当金をほとんど積まなかった。

確かに全銀協基準は受け皿会社に適用することを認めているかのように解釈できた。都銀関係者は「都銀など他の金融機関もそう解釈して足並みをそろえた」と証言する。

これに従い長銀は、例えば日比谷総合開発など日比谷グループへの融資三千九百五十五億円のうち、二百七十億円(六・八パーセント)を第一分類、三千三百二十六億円(八四・

一パーセント）は第二分類として処理した。当時の事業推進部幹部が言う。

「カネだけでなく人もモノも長銀だけが出し、系列ノンバンクと同じ。債務超過でも長銀が破綻しない限りつぶれることはなく、第二分類以上が妥当と判断した」

全銀協は「大蔵省の考えを金融機関に伝えただけで、長銀の解釈についてコメントする立場にない」と口をつぐむ。問題処理に当たった長銀幹部は語る。

「全銀協のQ＆Aは、受け皿会社には当てはまらないと指摘されるかもしれないが、当時は問題ないと考えていた」

実際に、長銀の独自基準を定めた文書にも系列ノンバンクへの融資で示された「Q＆A」を踏まえて作られたことに触れている。

この問題について大蔵省から分離した金融監督庁幹部は「大蔵省時代のことは分からないが、系列ノンバンク向け融資に対する査定基準を受け皿会社向けに引用したとすれば、意訳しすぎだ。大蔵省がそういう解釈まで認めたというのも聞いたことがない。都合のいい部分だけ拡大解釈したんだ」と反論、長銀の姿勢に厳しい見方を示す。

「受け皿会社は自分が支えているから大丈夫という長銀の解釈は自分勝手で論理矛盾だ。支えるというのであれば、支援に必要なコストや貸倒引当金をどの程度引き当てるかなどを合理的に証明する必要がある」

不良債権処理を担当した長銀の元幹部は言う。

「査定のダブルスタンダード（二重基準）が、問題を複雑化させたんだ」

大蔵省がガイドラインを示した直後から、ノンバンクを含む関連会社向け融資と一般企業向けの査定をどう区別するか、都銀など他の金融機関の担当者との意見交換を行った。

系列ノンバンクが融資先からの代物弁済や自己競落で保有していた不動産物件を事業化する受け皿会社を使う方法は、他の金融機関も大半が採用していた。都銀幹部も言い切る。

「バブル後の処理方法として定着していた」

「受け皿会社への融資に貸倒引当金を積む考えなんて、ほとんどなかった」

確かに長銀だけが行った特異な手法ではなかった。

全銀協が大蔵省と相談してまとめた「Q＆A」は、受け皿会社よりも関与の度合いが薄い系列ノンバンクへの融資を第二分類とすることを認めている。長銀の担当者は言う。

「支援していれば融資は第二分類という表現があり、受け皿会社にこれを適用するお墨付きを得たと受け取った」

当時の事業推進部担当者は「支援していても債務超過なら、回収に重大な懸念のある第三分類か回収不能の第四分類、と明示されていれば、話は簡単だった。大蔵省がはっきり基準を示さないから混乱したんだ。大蔵省のあいまいな態度こそ問われるべきだ」と憤慨した。


受け皿会社向け融資のほとんどを甘く査定した長銀の独自基準は、「Q&A」のほか大蔵省金融検査部が九六年に実施した検査結果も参考にされた。基準を策定した事業推進部関係者は「受け皿会社への融資を回収可能と処理するのは、九七年の秋段階まで大蔵省自身が容認していた」と証言する。九七年七月から九月にかけ、長銀は六月末を基準日にした自己査定の「トライアル」を実施した。九七年十二月末を基準日とする自己査定の「本番」に先立って、大蔵省は各銀行に予行演習としてトライアルを行うことを求めていた。

長銀は支援している系列ノンバンク向け融資を第二分類とする「Q&A」に準拠した独自基準を利用し、関連親密先への融資には貸倒引当金をほとんど積まなかった。それでも、九七年度の不良債権処理額の見通しは五千六百五十億円と、当初の三千億円をはるかに上回った。八月一日、常務役員連絡会で大野木らは、不良債権処理額を五千億円に増額する方針を了承する。

トライアルの結果が鈴木克治や須田正巳を経て、大野木にもたらされたのは十月二十四日だった。担当者が切り出した。

「独自の自己査定基準でやりました。受け皿会社など関連親密先は一般の融資先とは別の基準を設けて、第三分類と第四分類を圧縮しています。自己査定の本番でもこの方針でいきます」

大野木はこれを了承した。

十一月十一日、大野木と鈴木、須田は再び役員会議室に集まった。総合企画部の担当者から九七年度の決算について説明を受けるためだ。

「九七年度も配当を維持するとすれば、赤字幅は二千五百億円から二千八百億円が限度です。配当しなければ赤字幅をもっと拡大できますが、予定しているスイス銀行からの二千億円の資金調達が難しくなります。五千億円の処理額では他行に比べて見劣りしますが、それ以上は無理です。今月二十五日の九月中間期決算発表の際には、不良資産処理額を五千億円としたまま、配当実施を前提に赤字幅を二千五百億円としてはどうでしょう」

「無配という選択はないですね」

「そうですね」と即座に賛成する二人。

「五千億円の不良債権処理はスイス銀行にも説明済みです。中間決算の発表時には、この数字でやりましょう。ともかく、国際業務を行うために必要な国際決済銀行（ＢＩＳ）の自己資本比率基準の八パーセントを維持することと、スイス銀行からの資金調達が最優先だ。九七年度決算はこの二点を軸に行うしかない」と大野木が続けた。

ところが、長銀の危機をスイス銀行が察知。十一月二十五日の予定だった、優先株引き受けなどを通じた長銀への資金提供を延期したため、提携解消の噂が燃え上がった。

十二月十五日、大野木らに総合企画部の担当者が詰め寄った。

「一気に不良債権を処理できるならＢＩＳ比率が四パーセントになっても九七年度中に処理すべきではないですか。回収の見込めない不良債権は約一兆円。今年度に予定している五千億円では不十分です」

「不良債権の抜本処理が必要なことは十分承知している」と大野木は答えた。鈴木も「やらなければいけないことは十分、分かっている。そこのところを理解してくれ」と話をつぐと、須田は「結局、今の状況では時間をかけるしかないんだ」と続けた。方針は変わらなかった。

内部調査委員会は、九九年六月四日、旧経営陣の名前を特定しないまま商法違反容疑などで告訴が相当とする結果をまとめ、頭取の安斎隆に大野木らの刑事責任追及を求める調査結果を提出した。委員会がつくられてから半年以上たっていた。

若いころ、法律家を目指した安斎は「調査委員会を信頼しているから、調査を任せた。結果について私が口を挟む余地はない」と繰り返し言い続けた。調査報告書について「久久に法律をじっくり読んだ。そういう意味では言っちゃ悪いが、面白かった」とおどけてみせたが、心の中を去来したのは、別の苦い思いだったに違いない。

約半世紀に及ぶ長銀の歴史の中で、最後の経営責任を刑事被告人として問われる大野木らへ、安斎は同情の思いが当初から強かった。

「10対0の負け試合。九回裏に三振した最後のバッターを非難するようなものだ」

野球好きの安斎はたびたびこう漏らした。

新頭取として、大野木らの刑事告訴は避けて通れない。心の中と立場が矛盾する中で「どんなことがあったとしても、最終的にはトップの責任だ」と繰り返していたが、それは自分の肩にも重くのしかかっている。国有長銀の頭取としての自分に言い聞かせていたのだろう。

安斎はある時こう言った。

「特捜部の検事も長銀マンの優秀さにびっくりしているらしい。いろいろ協力しているけど、仕事や計算がすごく速い。なのにどうしてこう（破綻）なったんだ、と。トップの責任ということだね」「すべての責任はトップにあるわけだし、大野木さんだってそれくらいの覚悟があって頭取になったんでしょう」

安斎は調査委員会委員長の川端から調査報告書がまとまったとの連絡を受け、秘書に指示して予定をすべてキャンセルさせた。午前中に緊急役員会を開き、わずか一時間足らずで全員一致による大野木らの告訴を決める。すぐに金融再生委員長の柳沢伯夫を訪ね、「こういうことになりました」と報告した。

柳沢は「そうですか、頑張ってください」と言ったきり言葉を発しなかったという。

午後には東京地検特捜部、警視庁捜査二課に商法違反（違法配当）、証券取引法違反（有価証券報告書の虚偽記載）容疑で告訴、告発の手続きをとった。捜査当局の動きは間近に迫った。

## 東京地検と警視庁の対立

告訴、告発から六日後の九九年六月十日、東京地検特捜部は証券取引法違反（有価証券報告書の虚偽記載）容疑で元頭取大野木克信ら長銀旧経営陣の逮捕に踏み切った。この逮捕で長銀、日債銀事件の強制捜査がスタートした。その捜査は、八月十三日の日債銀前会長窪田弘らの起訴まで続く。表向きは東京地検特捜部と警視庁捜査二課が連携して調べを進めてきたことになっているが、半年以上に及ぶ捜査の水面下では捜査機関同士が意地をかけてぶつかり合い、主導権をめぐって激しい火花を散らしていた。

「内偵捜査を始めたのはこちらが先だ」と主張する警視庁。「経験の少ない警視庁の捜査員に、十分な調べができるものか」と東京地検。

捜査が深まるにつれ、きしみは不協和音となって響いてきた。これまで幾度となく繰り返されてきた東京地検と警視庁との溝は、今回もまた大きかった。

皇居のお堀に近い千代田区の七階建てオフィスビル。看板こそないが、警視庁捜査二課の長銀、日債銀捜査班の拠点がここに置かれていた。九九年六月十日正午すぎ、昼食のため飲食店に出入りするサラリーマンののんびりとした姿をけちらすように、突然ビルからスーツ姿の男たち数十人がぞろぞろと出てきた。長銀に強制捜査が及ぶ「Xデー」の到来だった。数人の記者たちが一斉に飛び出し、一団のあとを追った。

「二課がガサ（捜索）に向かったぞ」

手にした携帯電話に叫びながら、記者たちが最寄りの地下鉄駅の階段を駆け降りる捜査員に続く。内幸町駅で地下鉄を降り、地上に出ると、特捜部の係官らと合流した。腕章を付け、長銀本店を目指して歩きだし、午後一時十分に大勢の報道陣が見守る中で家宅捜索が始まった。

このころ、長銀本店からほど近い警視庁では、七ヵ月に及ぶ内偵捜査がようやく実を結んだにもかかわらず、白けたムードが広がっていた。

警視庁の捜査班に待機命令が出たのはこの日朝。捜査員は裁判所に令状の請求に走ったが、取ったのは家宅捜索令状だけ。大野木らの逮捕状はなかった。

「長銀はこっちの事件だ」

幹部はこう言うのがやっとだった。

長銀本店の家宅捜索に向かう東京地検特捜部などの捜査員たち

この日、特捜部は、証券取引法違反（有価証券報告書の虚偽記載）の疑いで、元頭取大野木克信（当時六三歳）、元副頭取の鈴木克治（当時六二歳）、須田正巳（当時五九歳）の三人を逮捕した。九八年三月期決算で、系列ノンバンクの関連会社などが抱える回収不能債権について「回収に注意を要する債権」と査定するなどし、約千五百億円も過少に計上、貸倒引当金を低く抑えた上で、約四百六十億円の剰余金（配当可能利益）があったとする虚偽の記載をした有価証券報告書を提出した容疑だった。長銀内部調査委員会は粉飾額を約二千億円とし、現経営陣が六月四日に大野木らを告訴したが、特捜部はこのうち容疑を約千五百億円に絞り込んだ。

同日夕、東京地検の次席検事斉田《さいだ》国太郎《くにたろう》は、逮捕を発表した記者会見で「警視庁とは綿密に連携協力して事実解明に努めてきた」とのコメントを出したが、特捜部と警視庁のどちらが三人を逮捕したのかは最後まで口を閉ざした。警視庁では捜査二課長の樋口真人《ひぐちまさと》が「容疑者への逮捕状執行は東京地検特捜部がしました」と、合同で強制捜査に着手したことを発表したが、矢継ぎ早に出る質問のほとんどに捜査上の支障を理由にノーコメントを繰り返した。淡々とした表情からは、警視庁の意向がどこまで捜査に反映されているのかは読み取ることができなかった。

捜査二課の陣頭指揮を執る樋口は警察庁採用のキャリア警察官だ。長銀、日債銀への内偵が続く九九年二月、課長に就任した。大阪府警捜査二課長時代も経済事件で手腕を発揮し「長銀、日債銀事件をやるために警視庁に来た」と言われた。その樋口が、特捜部とどういうやりとりをしていたのか、現場の捜査員にはなかなか伝わってこなかった。

警視庁は九八年十月二十三日に長銀が破綻認定された直後から捜査に乗り出した。特捜部より先行し、公認会計士の資格を持つ財務捜査官を中心に膨大な不良債権の実態解明に取り組んだ。事件を学ぶ機会を提供しようと全国の警察に応援を募ったところ、希望者が殺到したという。問題融資の担保不動産の一件一件、現場へ足を運んで不良債権の実態解明を地道に進めていった。

やがて捜査のポイントは九八年三月期の決算対策として、回収不能債権を帳簿上は回収可能と装った金額をどこまで積み上げられるかに絞られた。

「決算で配当可能利益（四百六十億円）とした分の倍はいかないと話にならない」と捜査関係者。犯罪が計画的であることを立証するために、九八年度決算だけでなく、過去三年分にわたり、不良債権の内容を洗い直した。その結果、捜査開始から数ヵ月後には大野木らが不良債権の自己査定基準を甘く設定し、系列ノンバンク、エヌイーディーなど関連会社に対する回収不能債権を、少なくとも約一千億円隠蔽して配当資金を捻出《ねんしゅつ》していたことなど、事件の本筋をほぼ突き止めたという自信を持っていた。

「警視庁抜きで立件することは不可能だ」

捜査の指揮を執った警視庁幹部は、特捜部との合同捜査の形をとっても主導権を握れると自信を深めていった。

特捜部はなかなか動き出そうとしなかった。全国の各地検に応援を呼びかけ、捜査が進行中の一連の防衛庁事件や衆院議員中島洋次郎《なかじまようじろう》の汚職事件に全精力を割《さ》いていたからだ。長銀破綻直前の十月六日には、NEC の子会社で無線機器メーカー、ニコー電子をめぐる背任事件に着手し、防衛庁調達実施本部の元幹部が同社の返納金を十四億円余りも不正減額して国に損害を与えたとする容疑で、新たにNEC元専務らを逮捕した。続けて十月二十九日には、中島を政党助成法違反などの容疑で逮捕に踏み切った。

事件捜査は越年する。防衛庁事件の渦中に、NEC本体が宇宙開発事業団に約二十三億円の過大請求をしていた問題が発覚、最終的に見送られたものの事業団は、一時、刑事告訴の構えを見せていた。九九年二月には、公正取引委員会の刑事告発を受け、水道管ヤミカルテル事件でメーカー三社の担当者らを逮捕、長銀捜査に本格的に乗り出す動きはなかなか見えなかった。

しかし、旧経営陣の刑事責任追及は、長銀破綻前から特捜部に重くのしかかっている重要課題だった。

法務省で九八年十月七日に開かれた検察長官会同で法相中村正三郎《なかむらしょうざぶろう》は「不良債権処理の過程での破綻金融機関の経営者らに対する刑事責任追及や、悪質な債権回収妨害の捜査処理は、迅速、厳正に行う必要がある」と訓示した。前年に破綻した北海道拓殖銀行のほか、長銀をも視野に入れた発言だった。一週間後の十二日には金融再生関連法案が、十六日には金融早期健全化法案がそれぞれ国会で成立。捜査に向けた環境が整いつつあった。ある検察首脳は「あれだけの公的資金を投入し、つぶれましたからそれで終わりというわけにはいかないぞ」と言い切った。

特捜部の出遅れについては別の背景を指摘する見方もある。

「これは国策捜査だよ。やる気を出せと言うほうが無理だよ」

特捜部周辺からはそんな不満の声も聞こえていた。特捜部の意気込みは盛り上がらなかった。消極的だった最大の理由は時効の壁だった。

原因追究では、ずさんな融資を積み重ねたバブル期の経営陣の責任は避けて通れない。違法な融資について商法の特別背任罪を適用するとしても、時効のため五年しかさかのぼれない。「最大の戦犯」と目されていたバブル期の経営陣が捜査の対象になり得ないことは最初から明らかだった。

膨大な捜査が求められることも、捜査関係者の気を重くさせていた。長銀の総資産は二十兆円を超える。長銀より規模の小さい日債銀でも十数兆円。その融資の一件一件について、洗いざらい調べなくてはならない。

「手間と時間がかかる割には国民の理解を得られる結果になるかどうか」

そんなことを考えながらの捜査だった。

警視庁幹部の間から、長銀事件の強制捜査着手に向けたカウントダウンが聞こえ始めた九九年四月、春の人事異動でメンバーの三分の二を入れ替えた特捜部は、二十人の専従検事で長銀班を立ち上げた。

指揮を執る副部長岩村修二《いわむらしゅうじ》は一年前の九八年三月に史上最大規模の二千七百億円余に上る山一証券の粉飾決算事件で前会長行平次雄《ゆきひらつぎお》らトップを逮捕、起訴に持ち込み、地検刑事部副部長時代には、薬害エイズ事件の捜査も指揮した実力派検事だ。八六年に発覚し、特捜部が神奈川県警の関与を解明した共産党幹部宅盗聴事件の捜査を担当した経験もある。

検察内部での捜査姿勢も変化し始めた。検察首脳の一人は九九年五月下旬、捜査の意義をこう力説した。

「規制緩和が進めば役人の権限が縮小し贈収賄は減る。今回の事件はこれからの検察のあり方を示唆《しさ》している。市場という公の場で嘘をついた点では贈収賄より悪質だ」

## 捜査のきしみ

特捜部、捜査二課の両捜査機関の「きしみ」が表面化しだすのは、特捜部が捜査に手を付け始めた九九年二月ごろからだった。金融監督庁の検査資料を特捜部が押収しようとした際、捜査二課への連絡は前日の夕方で、それもいきなりだった。捜査二課側は「特捜部が独自にやろうとしている」と警戒感を強めた。捜査二課周辺からこんな憶測も出始めた。

「警視庁にはごみみたいな部分だけを処理させるつもりなのか」

もともと地検サイドには「警視庁に花を持たせる」、つまり世間の脚光を華々しく浴びる逮捕や家宅捜索は警視庁に任せ、特捜部は縁の下で支えよう、というムードもあった。ところが、捜査を続けていくうちに、意図的に回収見通しを甘く自己査定した金額を積み上げ、犯意のある粉飾決算として立件することが想像以上に難しいことが分かってきた。捜査の最大のポイントは、大野木ら旧経営陣の犯意をきっちり立証できるか、という点だ。大野木は、国会での参考人質疑やマスコミのインタビューで、不良債権飛ばしや粉飾の意図をきっぱり否定しており、旧経営陣の取り調べでどんな供述を引き出すことができるかが、立件の大きなカギとなっていた。

「調書を二度取る必要はないからな」

地検内部から、そんな声が強まり始め、主導権争いの流れは公訴権を握る特捜部に一気に傾いていく。

「調書を二度取る必要はない」……大型経済事件で重要な容疑者を取り調べた実績の少ない警視庁の捜査員に取り調べを任せた結果、満足な供述調書が取れず、あとで特捜検事が調書を取り直さなければならなくなる事態はごめんだという意味だった。特捜検事らの強烈な自負心の表れでもあった。捜査が煮詰まるにつれ、双方から中傷の声さえ聞かれだした。

「これだけ人と時間をかけてコツコツやってきたんだ。身柄は持たせてもらえないと。せめて送検するまでの四十八時間だけでもいいから。特捜部だって、そこまで仁義を欠くようなことはしないだろう」

「上層部は、警視庁に逮捕状を執行させるよう特捜部に直談判しているはずだ」

長期間苦労して調べを進めてきた現場からの突き上げに、警視庁幹部は大野木らの逮捕に執着した。

地検側にも言い分はあった。

「警視庁に調べを任せたら、事件は成り立たない。無罪になる捜査なら意味がないだろう」

立証が難しいだけに、ささいな体面にこだわらず経済事件のプロを自他ともに認める特捜部に任せてくれという意味だった。

強制捜査に向け最終局面を迎えた六月上旬。道路を挟んで向かいの警視庁からほぼ毎日、地検に足を運ぶ警視庁刑事部幹部の姿が見られた。

「逮捕はぜひ警視庁にお願いしたい」

特捜部側に警視庁幹部らは最後まで食い下がった。現場同士の折衝を、警視庁首脳も固《かた》唾《ず》をのんで見守っていた。

大規模な捜査態勢を維持してきた指揮官の立場からすれば、ここで引き下がるわけにはいかないというのが本音だろう。実際こんな声も漏れてきた。

「ここで踏ん張れなければ、部下の信頼を失う。組織を維持できない」

「もし不調に終わったら、検察の上のほうにかけ合ってもいいんだ」

警視庁首脳の表情には、悲壮感《ひそうかん》さえ漂った。

特捜部と警視庁との協議は、平行線をたどり続ける。六月八日に強制捜査着手の予定だったが、対立は七日夜から八日朝にかけてピークに達する。結局、着手は十日に持ち越された。

七日夜から八日朝にかけての激しいやりとりはどんなものだったのか。双方からこの間のやりとりは一切聞こえてこないが、八日夜、警視庁の幹部は「検察には仁義はないのか。おれが辞めた時に、何があったか話してやる」と上気した顔でまくし立てた。

別の幹部もこの日は「あちら特捜部が、ご勝手にやることなのでしょう」と言ったきり、不機嫌な顔を続けた。

意地の張り合いを検察幹部はこう解説した。

「今回は警視庁が早くから捜査を始め、証拠量も警視庁が特捜部を圧倒していた。だから警視庁は引き下がらなかった。こういう事件では、通常、特捜部が主導権を握り、警視庁には特捜部が持っている別の事件を譲って引き下がってもらうものだが、今回はこういう取引ができず、問題をこじらせた。検察側にも反省すべき点はある」

特捜部と警視庁の対立は、この時が初めてではない。特捜部、警視庁、国税庁の三機関が合同で捜査したロッキード事件の際も、元首相田中角栄の逮捕を検察は事前に警視庁に知らせなかった。最高幹部にも教えない徹底ぶりだった。

田中逮捕の日の夜、感想を求めるために自宅前に集まった記者に、警視総監の土田《つちだ》国保《くにやす》は「おれは警視総監だぞ」と大声を張り上げたきり質問をさせず、自宅に姿を消したといわれる。

長銀事件前の一連の防衛庁事件でも確執があった。

特捜部が事件に着手した九八年九月からさかのぼること約一年前。のちに特捜部が逮捕することになる防衛庁調達実施本部の元幹部と防衛産業側との癒着について、捜査二課は水面下で捜査を進め、業者側や元幹部の部下たちを次々と事情聴取していた。立件に向け地検に意向を打診したが、取り合ってもらえなかったという。

捜査関係者は「特捜部と事件が競合してしまったことが理由だったようだ」と話す。

「特捜部はいつも事件をこちらから取ってしまう」

警視庁の現場捜査員から、決まってそんな声が聞こえてくる。

大野木らが逮捕されてから起訴までの二十一日間で、九八年三月期決算で隠した不良債権は三千百三十億円にまで積み上がった。三千億円を超す粉飾決算は山一証券事件の二千六百四十八億円を上回り過去最大となった。

## 遅れた告発

長銀の元頭取大野木克信らが起訴される前日の六月二十九日午後二時、東京都千代田区の日債銀本店三階の大会議室で株主総会が開かれていた。日債銀頭取の藤井卓也は現経営陣トップとして、日銀時代の先輩でもある東郷重興を告発すべきかどうか思いめぐらしていた。

この日、東郷ら旧経営陣の刑事責任を追及する日債銀内部調査委員会の最終報告書が委員長の阿部昭吾《あべしょうご》から藤井に提出され、翌三十日の定例役員会で東郷ら旧経営陣を告発する手続きがスタートするはずだった。ほかの役員らはその日の朝までそう信じて疑わなかった。

しかし、総会前の打ち合わせを兼ねた午前中の役員の集まりで、藤井は「最終報告書の提出は今日はないから」と言い含めるように話した。多くの役員が内部調査委員会のスケジュールや「今日提出」と報じていた新聞の報道を覆す頭取の発言に戸惑うように顔を見合わせた。が、あえてだれも理由を聞こうとはしなかった。

「頭取と委員長の間で何かあったのか」

総会の間、そう考えていた役員もいた。

日債銀に内部調査委が設置されたのは特別公的管理から約一ヵ月過ぎた九九年一月二十七日だった。日債銀内部調査委のメンバーは日弁連や日本公認会計士協会から推薦された弁護士四人、公認会計士一人の計五人で構成された。それぞれ補佐役の代理人を選任し、約二十人の態勢で作業を進めることになった。長銀の内部調査委と並んで今後の破綻した金融機関の法的責任を追及するモデルケースになるとみられていた。

日債銀内部調査委の束ね役の委員長阿部は八五年に会社更生法適用を申請した大手ミシンメーカー、リッカーの管財人を務めた弁護士。メンバー二十人はまず、巨額の不良債権を隠したペーパー会社への融資実態の把握から始めた。

「何だ、この会社の名前は」

「一体、同じ場所にいくつ会社を登記しているんだ」

平たい灰色のレンガを何層にも積み上げたような重厚な造りの日債銀本店ビルのすぐ北

隣に、全体をガラスで固めたように窓が周りのビル群を映し出す日本地所ビルが立つ。二月上旬、その一室に持ち込まれた日債銀の膨大な融資関係の資料や議事録を初めて見た内部調査委のメンバーは驚きの声を上げた。

不良資産を移したとみられるペーパー会社がいくつものグループに分かれ、日常的に債権の「飛ばし」が行われていた粉飾工作の実態がそこにあった。数十社に及ぶそれらの会社にさまざまな名前が使われていた。

アルファベット順に付けられたエフエイチエー、エフエイチビー、エフエイチシー、皇居の門の名前から付けられた大手企画、桜田企画、田安企画、役員らの名字から付けられたとみられるウエストリバー、ノーザンテールなど。これらのペーパー会社群がいつ、どのような時につくられたのか。

内部調査委は本格的に資料の読み込みを始める前に、全体の構図を知るために日債銀の担当者を呼んで勉強会を行わなければならなかった。

二月中にアウトラインをつかむと作業は早かった。メンバーは主にペーパー会社のグループごとに班を分け、日債銀各部署の決算の数字、膨大な内部資料と議事録を洗い出し始めた。同時に行内の事業推進部、関連事業部、経理部などの担当者、監査法人から個々の融資、決算方法をメンバー二、三人で丹念に聞き取る作業もスタートした。

ここで一つ問題が生じた。調査手法をめぐり内部調査委で異論が出た。

「当事者である旧経営陣からも直接面談して事情を聴くべきだ」

何度目かの委員会の席で、あるメンバーが発言した。

だが、阿部は慎重だった。

「捜査に影響を与える可能性がある。直接事情を聴かないほうがいい」

窪田、東郷らへの聴取は見送られた。捜査当局の聴取に予断を与えないほうがいいという判断だった。しかし、のちに一部のメンバーはこう述懐した。

「内部調査委の独立性、独自性が問われる」

「金融再生法に基づいて設置された内部調査委の事実追究のためにも当時の役員から話を聴くべきだった」

実際、旧経営陣から直接聴かなかったことが、内部調査委の最終報告書に告発対象者の実名を記載するかどうかの判断に影響を与えることになった。

調査委発足から約五ヵ月後の九九年六月十九日、委員会が日本地所ビルで開かれ、最終的な調査結果がまとまった。各班ごとのリポートを委員会のテーブルの上に積み上げると全体で二百ページ余りの報告書ができあがった。

調査委は「旧経営陣は九八年三月期の決算で融資の回収を甘く査定して決算を粉飾、約五千億円の貸倒引当金を過少計上し、有価証券報告書に虚偽記載した疑いがあり、証券取引法違反の罪に該当し、告発するのが妥当」と結論づけていた。

さらに、大蔵省が、九七年、各金融機関に奉加帳方式で日債銀への増資を要請した妥当性についても論じ、間接的ながら大蔵省に対しても批判を展開、九七年三月期の決算も問題ありとした。また複数の外資系金融機関が販売するデリバティブを利用した損失先送りなど、旧経営陣のその時代、その時代の責任を追及する内容だったが、個人名は記載しなかった。

「一人ひとりの人生を左右する問題、被告発者をだれにするかは現経営陣で決めることになるだろうという考えもあった」と内部調査委のメンバーの一人は言う。

六月二十四、二十五日、内部調査委の事務局の行員らが手分けして、メンバーの弁護士らを回り、製本された報告書に委員の承認印を集めた。報告書は完成、委員のほとんどが五ヵ月間の重い使命をほぼ終え、ほっとした様子だった。

ところが、事態は数日で急変する。

「この内容では告発に踏み切るのは難しい。何を告発すべきかもっとはっきりさせたい」

内部調査委から最終報告の内容を聞かされ、報告書提出の可否について打診された藤井サイドから再考を促す考えが阿部に伝えられたのはこのころだった。

既に報告書には各委員の印鑑が押されたあと。二十人もの弁護士、公認会計士が投入されて、できた結論に銀行側が「待った」をかける異例の事態だった。ただ、これらのやりとりはあくまで二人のトップ同士のやりとりだけにとどめられた。藤井はほかの役員に、阿部も他の委員にしばらくは明かさなかった。

株主総会の当日、六月二十九日に予定されていた最終報告書の提出は見送られ、提出のめども宙に浮いた。約二週間、藤井や阿部から説明もなく、これまでの委員会の審議での経緯から、委員の一部でこんな憶測も呼んだ。

「藤井頭取が自分の判断で日銀の先輩、東郷を告発するのに抵抗があり、最終報告書に名前を明記するように阿部委員長に強く要請したため長引いている」

藤井が内部調査委に個人名の明記を強く求めたという見方について、経営陣の役員らは「それは違う。あくまで表現の問題だった」と否定した。

「要請はしていない。頭取に報告書に個人名を記載してほしいという気持ちが実際にあったかどうかはあくまで個人の内面の問題」とある役員も付け加えた。

七月十二日、内部調査委のある弁護士は委員会の事務局の行員から「阿部委員長の意向で報告書の結論部分を一部追加することになりました」と恐縮した口調で連絡を受けた。「妥当」「該当する」という表現に新たに、「告発すべき」という短い文章を付け加えただけの手直しだった。

七月中旬、内部調査委のメンバーは再び、それぞれの事務所を訪れた事務局の行員が差し出す報告書に黙って押印した。藤井は、十六日、金融再生委員会に報告書ができあがったことを伝える。

報告書提出をめぐる半月以上の空白。日債銀役員と内部調査委のメンバーのそれぞれの意識のレベルで捜査当局への遠慮や人を訴えることへのある種のためらいがあったことは否定できない。

報告書を正式に受け取った日債銀は告発の手続きを進める上で、内部調査委と同様に「捜査に影響を与える」という理由で旧経営陣から事情を聴くことはなかった。

七月二十三日、日債銀は旧経営陣を被疑者不詳のまま証券取引法違反容疑で東京地検、警視庁に告発した。この日、飛行機マニアの男が羽田発札幌行き全日空ジャンボ機を乗っ取り、機長を刺殺した事件が起きている。新聞紙面、テレビニュースがハイジャック事件一色の中での告発だった。

特捜部の動きは早かった。日債銀事件の報道が夕刊や昼のニュースにないことを確認すると、警視庁に「今日、着手します」と連絡。大蔵省出身の前会長窪田弘（当時六八歳）、日銀出身の前頭取東郷重興（当時五五歳）、日債銀生え抜き組の元副頭取岩城忠男（当時六一歳）を特捜部が、元事業推進部担当常務、元経理部担当常務、元経理部長の三人を捜査二課が逮捕する割り振りを決め、午後三時すぎから一斉に呼び出しを始めた。「警視庁に花を持たせる」は表面上の特捜部の配慮にすぎず、特捜部主導だったことは言うまでもない。

午後七時十五分、東京地検次席、警視庁捜査二課長による逮捕発表が同時に始まった。九八年三月期決算をめぐり不良債権を隠し、貸倒引当金など約八百億円を過少計上した証券取引法違反（有価証券報告書の虚偽記載）容疑だった。

この種の事件では通常行われる逮捕と同時の銀行本店への家宅捜索も、週が明けた二十六日に見送られる慌ただしさだった。

「警視庁が取り調べたのは三人の身上と経歴程度。実質的な調べは送検を受けた特捜部がやった」

関係者は、長銀事件で面子をつぶされた捜査二課に特捜部が配慮して送検まで二課に調べさせる「一泊二日コース」の逮捕劇だったという。

長銀、日債銀捜査は警視庁の地道な裏付け作業が不可欠だったことは言うまでもない。しかし、現場の捜査員の間に「結局、地検においしいところを持っていかれた」と後味の悪さを残したのも事実だった。

警視庁幹部は「金融機関の破綻をめぐる事件は今後も相次ぐだろう。みんな検察でできるのならどうぞおやりくださいと言うしかない。ただ、検察だけでは組織の規模から見て、事件は限られる。警察にも事件を任せないと、国民が望む捜査からかけ離れてしまう」と突き放した。

一方で、自治体警察である警視庁が、長銀、日債銀のような国策捜査に乗り出すことに、疑問を投げかける声も内部にはある。

「捜査が政争に利用されかねないという指摘もあるし、それを警視庁が後押しするようなことはまずい」

「長銀捜査のおかげでほかに何も仕込めない状態。上からきた事件の捜査などやりたくない。自分でつかんだネタを追いかけることこそ刑事のやりがいだ」

特捜部は不良債権の回収見通しを甘く査定し貸倒引当金などを過少計上した証券取引法違反（有価証券報告書の虚偽記載）の罪で、窪田、東郷、岩城の三人を八月十三日に起訴した。粉飾額は、逮捕時の約八百億円から約千五百九十二億円に増え、山一証券に次ぐ史上三位の額となった。

残る三人は権限や関与の度合いを考慮して処分保留のまま釈放、法人としての日債銀については特別公的管理下にあることを理由に起訴猶予処分とした。

結局、特捜部が逮捕した三人は起訴され、捜査二課が逮捕した三人は不起訴という内容だった。面子にこだわった両捜査機関の妥協の結果だった。

## 外資に身売り

破綻から十一ヵ月たった九九年九月二十八日、資産規模十五兆円を持つ長銀は、米国の投資会社リップルウッド・ホールディングスを中核とする金融機関グループが新たに千二百億円を投資の上、事実上十億円という破格の値段で引き受け、大手銀行では初の外資系金融機関として再出発することが決まった。

午後七時、東京都港区のホテルオークラ「曙《あけぼの》の間」で、新生長銀の最高経営責任者に就任する前シティバンク在日代表の八城政基《やしろまさもと》と、リップルウッドの最高経営責任者（CEO）ティモシー・コリンズが、集まった記者たちの前でカメラのフラッシュを浴びながら握手をしていた。大手銀行が外資系金融機関として生まれ変わることを内外に示したこの記者会見には、外国人記者が多数詰めかける華やかな雰囲気に包まれた。

冒頭、八城は「われわれの目的は日本の金融業界において長銀のかつての地位を回復することであり、日本の金融システムの安定と活性化に貢献することにある」と強調。続けて「長期信用銀行という形態から普通銀行への移行を考えている」「できるだけ早い時期に格付けを高めて資金調達コストを下げ、競争力をつけたい」などと経営戦略を披露した。

米『ニューヨーク・タイムズ』紙の記者らが、社員の削減や収益見通しなどについて質問をした。八城は「行員は二千五百人まで減っており、これ以上削減する考えはない。むしろ今後のビジネスを考えると増員が必要だ。収益性については問題ない。だが、収益構造は従来の銀行業務による収入を全体の半分以下にするのが望ましい」と答えた。

長銀の損失穴埋めや資本増強のため、四兆円を超える公的資金が投入されることについては、八城、コリンズとも「預金者と金融債の購入者の保護のために投入されたものが大部分。新しい銀行として出発するには資本金も必要だ。そうして健全な銀行とすることが、日本の金融システムの安定化に貢献し、ひいては納税者のためにもなる」と理解を求めた。

コリンズは「日本経済は中長期的に見れば復活すると見ている。そうした観点から見れば顧客、行員、日本経済の中での長銀の地位を考えると魅力があった。これはチャンスだと思った」と力を込めた。

最終的にリップルウッドに決まった理由について、金融再生委員長の柳沢伯夫は「日本の銀行に売るほうがよいとの国内世論もあるだろうし、再編につなげることもできたが、総合的に判断してリップルウッドを選んだ」と説明、三井信託・中央信託銀行など競合候補に比べ、国民負担が小さくてすむことや、新生長銀が邦銀の低収益体質改善を促すことにつながるとしたが、金融自由化を迫る米国の強い圧力があったことも確かだ。最もネックとなっていた二次損失については、民法第五七〇条の瑕疵《かし》担保責任の考え方を準用することとなった。売買において売り手が「傷モノ」を売った場合、買い手が契約の解除や損害賠償が請求できる権利のことで、譲渡後に不良債権となったものは最初から隠れた欠陥があったと見なし、債権の価値が二割以上減ったら国が簿価で買い戻すことで決着した。

また長銀が保有する一兆八千億円の有価証券は、二千五百億円〜二千七百五十億円の含み益を持っており、本来、この利益で債務超過額を減らすのが筋だが、再生委は事実上の持参金として新生長銀の自己資本への組み入れを認めた。リップルウッドはこの持参金に加え、千二百億円程度を出資、さらに公的資金による二千四百億円の資本注入を申請、新生長銀は自己資本比率一二パーセントの優良行に変身する。

国が保有する長銀株二十四億株のリップルウッドへの売却代金は十億円。営業権の価値としての「のれん代」であり、事実上、この額で長銀は売却されたことになる。三兆六千億円の債務超過のほか、貸倒引当金の積み増しや、株式の含み損の穴埋めなどで、国民負担は最終的に約四兆円に上る見込みだ。それに比べて売却代金はわずかだ。

一方、国が九八年三月に公的資金で購入した千三百億円分の優先株は、破綻とともに紙くずとなったが、この一部、七千三百四十万株を有効なものとして国が保有し続けることをリップルウッドに認めさせた。今後、長銀株が四七二円にまで上昇した際に、売却すれば二千五百億円の利益が得られる計算で、これで持参金を回収するもくろみだ。

リップルウッドは、業界の専門家と協力し数々の企業経営を立て直してきた買収のプロ。リップルウッドが主体となって米国のノンバンク最大手ＧＥキャピタル、メロン・バンク、トラベラーズ保険、欧州のドイツ銀行やＡＢＮアムロ銀行など九社が参加し、長銀買収のためにオランダに「ニュー・ＬＴＣＢ・パートナーズ（ＮＬＰ）」を設立していた。新生長銀の取締役会は十五人程度で、過半数（八人）は日本人。会長、社長兼最高経営責任者は八城。前米連邦準備制度理事会（ＦＲＢ）議長のボルカーが顧問に就任。米ＧＥキャピタルなどと提携し、人気が高まっている投資信託などの商品を共同開発、相互販売し、ほかにも確定拠出型年金（日本版４０１ｋ）業務、資産証券化業務など欧米で盛んな新金融サービスを導入する。証券会社や資産管理会社も合弁で設立し、預貸業務中心の経営から手数料益や運用益を重視した経営に転換していく。

不振の関連企業の整理もほぼ終わり、リストラ効果と新分野開拓で業務純益を年間五百億円確保し、数年後の株式再上場を目指すという。

長銀頭取の安斎隆は、この日夜、本店一階ホールで記者を前にしていた。譲渡先がリップルウッドに決まり、表情に明るさが見えた。

「正直に申し上げて、ほっとしている」

リップルウッドの八城やコリンズが行ったホテルオークラでの華やかな会見とは打って変わった、いつもの定例会見と同じ地味な雰囲気の中、安斎は用意したコメントを読み上げ、少し口元を緩めた。四兆円に上るとみられる膨大な公的資金が投入されることに質問が出ると「譲渡先の相手がどこであれ、必要なこと。譲渡先のためではなく、日本の金融システム全体のため、債権者のために使われるカネだ」と言い切った。

「金融システムが安定してくれれば、ほかの金融機関に預けても不安は起きない。消費活動の萎縮を避けるために公的資金はある。金融機関の経営が大丈夫だ、ということになれば、特定の金融機関で何かあっても、ほかには波及しなくなる」

破綻した長銀を国から預かり、頭取として一年近く奮闘してきた安斎の頭は、日本の金融システム全体のことで占められている。しかし、外資系の金融機関に譲渡することや今後のことに、国民や行員には不安がつきまとう。

「私もナショナリストだから何となく引っかかるところは正直に言ってある」

「行員にも言ってきたが、一〇〇パーセントみんなが満足することはあり得ない。取引先も心配だと思う。長銀を引き取れば、格付けは下がる。そんなリスクがありながら真剣に交渉してくれた相手方には感謝している。外国資本は国内でもかなりのウエートを占めているし、取引先を守る条件ものんでもらっている」

リップルウッドに引き渡しがすめば、安斎の仕事は終わる。

「疲れましたね。休ませてもらいたいというのが今の気持ち。本当にほっとするのはここを去る時」

安斎の顔には一年間の苦闘がにじみ出ていた。

それから二ヵ月近くがたった九九年十一月十九日。東京地裁で最も大きく、数々の著名事件審理の舞台となった一〇四号法廷の傍聴席は長銀行員らで満席だった。保釈されてから約四ヵ月ぶりに、被告となった元頭取の大野木克信ら三人が公の前に姿を現した。

「犯罪に当たるとは考えていませんでした」

罪状認否で大野木らは用意した意見陳述の書面を読み上げた。起訴状の事実関係は認めたが、無罪を主張し検察側と全面的に対決するものだった。

「公金支出で国民の皆さまに負担をかけ、責任を感じます。行員の方々につらい思いをさせ、おわび申し上げます」と謝罪しながらも「自分がとった道以外に破綻から救う方法がなかったのか、まだ答えが見出せない」と複雑な心中を明かした。

初公判まで大野木には迷いがあった。

「これ以上、家族に迷惑をかけたくない。早く終わらせたい」

「法廷で争ってまた批判されるのは辛い」

弁護団は「最後の貧乏くじを引いてしまっただけではないのか」「バブル期の経営陣の責任はどうなるのか」「悪かったと簡単に罪を認め、これで終わりでは意味がない」と説得した。

大野木は最終的に「法廷で事件の真相を解明することが、経営者としての責任を果たすことになる」と決断。長銀を崩壊させたという重い十字架を背負いながら自らの行為を正当化する道を選んだ。

# エピローグ

日本長期信用銀行は「大蔵省の優等生」、日本債券信用銀行は「大蔵管理銀行」と呼ばれていた。大蔵省とともに歩んできたとも言われる。その崩壊の刑事責任を問われたのは巨額の不良債権のために身動きできなくなった局面で長銀頭取に選ばれた大野木克信であり、大蔵省からテコ入れに送り込まれた日債銀会長の窪田弘らだった。

巨大銀行を崩壊させるほど野放図な融資を続けた時代の最高経営責任者と、それを見過ごしてきた大蔵官僚は、だれも刑事責任を問われることはなかった。

初公判から三年近くたった二〇〇二年九月十日、大野木ら三人は判決の日を迎えた。起訴事実は三千百三十億円の不良債権を隠したとする証券取引法違反（有価証券報告書の虚偽記載）と商法違反（違法配当）。大野木らは「当時、金融機関の実情に応じた資産査定が認められていた」と無罪を主張し続けていた。

しかし、これらの主張は認められなかった。東京地裁の裁判長川口宰護は大野木に懲役三年、執行猶予四年（求刑、懲役三年）、元副頭取の須田正巳、鈴木克治の二人には懲役二年、執行猶予三年（求刑、懲役二年）とする有罪判決を言い渡した。

川口は「自己資本比率の低下を避けるため、巨額の不良債権隠蔽を図ったのは誠に悪質」と厳しく指摘する一方、「長銀が、バブル期以降、不良債権処理を先送りした結果、就任当初から困難なかじ取りを委ねられた立場には同情の余地があり、被告らだけを非難するのは失当」と歴代経営陣の責任にも言及し、執行猶予の理由を述べた。

無罪主張については「関連会社向け融資を甘く査定する長銀独自の査定基準は、到底、認め難く不合理だ」と退けた。判決前には「経営者として、あの判断しかなかった。それが犯罪と言われれば仕方ない」と悟った様子だったという大野木は、ペンを手にしたまま裁判長のほうをじっと見つめ、時折、目をつぶって判決に聞き入った。

一週間後、三人は判決を不服として控訴した。「頭取の犯罪」は舞台を東京高裁に移して審理されている。

日債銀事件の初公判は二〇〇〇年一月二十一日に開かれた。前会長の窪田弘、日銀出身の前頭取東郷重興ら三人の起訴事実も長銀事件と同じ構図だった。九八年三月期決算で、約二千二百五億円の未処理損失があったのに、回収が見込めない貸出金計約千五百九十二億円の償却や引き当てをせず、損失を約六百十二億円に圧縮して計上、重要事項に虚偽の記載をした有価証券報告書を提出したという証券取引法違反の罪だった。

窪田は罪状認否で「私心なく努力を重ねてきた。ほかにどんな方策があったというのでしょうか。この裁判を通じて謙虚に判断するつもりです」と用意した書面を読み上げ、東郷は「窪田さんら同様にわたしも無罪。刑事罰を受けることは納得できない」とし「検事には事の一面しか見えていない」と批判する弁護人の意見に、何度もうなずいた。

窪田らは「刑事責任を問われることは予想していなかった」としており、一審がまだ続く。

長銀は外資傘下の「新生銀行」として再生した。国有化した長銀株を保有する預金保険機構と米投資会社リップルウッド・ホールディングスを中核とする受け皿金融機関グループ「ニュー・LTCB・パートナーズ」（NLP）が契約書に調印したのは二〇〇〇年二月九日だった。譲渡日は三月一日。二日の株主総会で、シティバンク在日代表だった八城政基を社長に、経団連会長の今井敬、アサヒビール名誉会長の樋口広太郎らが取締役に名を連ね、前米連邦準備制度理事会（FRB）議長のポール・ボルカーがシニア・アドバイザーに就任した。

瑕疵担保条項など問題が残されたが、政財界は軒並み新銀行への期待を表明した。日銀総裁の速水優は「わが国金融システムの信認の向上に一層資するものと考えている。譲渡後の長銀が、新経営陣の下で金融市場や金融機関経営に好ましい刺激を与えることを期待している」との談話を発表。蔵相宮沢喜一は「新しい金融技術が日本に導入されるだろう。日本経済のために良いことだ」と全面的に歓迎する意向を表明し、「日本の資本だろうと米国資本だろうと、日本の消費者のためになるならかまわない」と生まれ変わった長銀が新たな金融商品を生み出すことに強い期待を示した。

契約翌日、リップルウッドの最高経営者ティモシー・コリンズや長銀頭取安斎隆、八城らの表敬訪問を受けた首相の小渕恵三は「新銀行を歓迎している。良い銀行になってほしい」とコリンズらを激励。日銀理事から長銀頭取に就任し、破綻処理を担ってきた安斎の労をねぎらった。

瑕疵担保特約は二〇〇三年三月に期限切れとなった。この特約は二〇〇〇年春、大手百貨店そごうから債権放棄を求められた際に行使され注目を集めた。特約を使い国に売却した不良債権の総額は、二〇〇二年九月末までに累計八千五百億円強。資金回収に対するドライな姿勢は「金融界の異端児」などと呼ばれたが、融資慣行の見直しなどで大手銀行は追随を迫られた。不良債権残高は、三年前の約一兆九千億円から二〇〇三年三月末には三千億円程度まで減る見通しで、同行は「不良債権処理にめどがついた」と、邦銀との違いを際立たせた。

日債銀は二〇〇〇年九月一日、ソフトバンクを中核とする受け皿の企業連合に譲渡された。新日債銀は四日に譲渡後初の株主総会と取締役会を開き、社長を元日銀理事の本間《ほんま》忠《ただ》世《よ》らとする経営陣を決め、行名を「あおぞら銀行」に変更した。本間は四日の日債銀再スタートの記者会見で、「成長性の高い事業を支援し、ユニークな金融機関を目指したい」と銀行の将来像を熱っぽく語った。しかし、その本間がわずか十六日後の二十日朝、出張先の大阪市内のホテルで首をつっているのが見つかり、新銀行の先行き多難を予感させた。ソフトバンクは、二〇〇三年四月、保有株を米投資ファンドのサーベラスへの売却を決めた。長銀に続いて日債銀も外資の傘下に入ることになる。

両銀行にかかった公的資金は、日債銀が譲渡されるまでに、債務超過の穴埋めなどで合計約十一兆三千億円に上った。うち約四兆五千億円は戻ってくる可能性があるものの、国有化方式による処理経費は譲渡交渉の長期化などで予想以上に巨額となった。

国民負担として確定している債務超過の穴埋め分は、旧長銀が三兆五千八百八十億円、日債銀が三兆二千四百二十八億円。破綻から譲渡完了までに長銀が一年四ヵ月、日債銀が一年九ヵ月程度もかかり、その間に地価下落などで不良債権が膨らんでいった。

両行の保有株を預金保険機構が買い取る資金は合わせて三兆円弱。両行の財務支援の一環で、株式を売却すれば資金を回収できるが、回収額は株価に左右される。問題債権など不良資産の買い取りには約一兆円を支出しており、回収を担当する整理回収機構の手腕が問われる。

長銀と日債銀の破綻を防げなかった大蔵省は二〇〇一年一月六日、財務省と看板を替えた。大蔵大臣から初代財務大臣となった宮沢喜一は「過去を反省してみて今思うことは、納税者としての国民の立場に立つのが当たり前だが、それが欠けていたかもしれない」と決意を表明した。

九八年六月に大蔵省から分離した金融監督庁は、二年後の二〇〇〇年七月一日、大蔵省金融企画局と統合、内閣府の外局である金融庁として発足した。検事出身の日野正晴が引き続き長官を務めたが半年で退任、その後、森昭治《もりしょうじ》、高木祥吉《たかぎしょうきち》と二人の大蔵省出身者が長官を務めている。

経済、金融対策が大きな争点になった九八年七月の参院選挙で大敗、引責辞任した橋本龍太郎の後継首相となった小渕恵三は二〇〇〇年五月十四日死去した。跡を継いだ森喜朗《もりよしろう》は葬儀に向けて「小渕氏は日本経済の新生をはじめとする内外の重要政策に果断に取り組んでこられた」と談話を出した。六月六日には、小渕、小泉純一郎の二人と橋本後継を争い、総裁選敗北後も金融政策や財政構造改革などの政策提言で存在感を示していた梶山静六が死去。日債銀の元頭取頴川史郎と七〇年代から十年近く会合を続け、親交のあった竹下登も六月十九日、死去した。

森辞任後の二〇〇一年四月二十六日、橋本後継を争った三人のうちただ一人残っていた小泉が「構造改革」を旗に掲げて、首相に指名された。しかし、景気は回復せず株価も低落を続けている。

金融界も急速に再編が進んだ。長銀が必死に追いつこうとした日本興業銀行が富士銀行、第一勧業銀行と経営統合し「みずほフィナンシャルグループ」となり、住友、さくら銀行は旧財閥の壁を取り払い「三井住友銀行」になった。三和、東海、東洋信託銀行は「UFJグループ」を、不良債権がもっとも少ないとされる東京三菱銀行も三菱信託銀行と「三菱東京フィナンシャル・グループ」を、大和、あさひ銀行は「りそなホールディング」をつくり、メガバンクが相次いで誕生した。だが、合併、経営統合の効果は思うように現れず、各グループとも不良債権処理に追われるなど、いまだバブル後遺症から立ち直れないでいる。

## 単行本あとがき

倒れるはずがないと信じられていた銀行を破綻に追い込んだのはだれか。護送船団方式の御旗のもと金融機関に君臨した大蔵省は何をしたのか。政治家は金融不安に対しどのように対応したのか。共同通信社社会部が、破綻した日本長期信用銀行の取材チームを発足させたのは一九九八年十月下旬のことだった。それから十ヵ月、日本債券信用銀行も対象に加わり関係者への長期間にわたる取材が続けられた。

われわれは破綻の遠因を探るため両行の発足当時まで歴史をさかのぼった。日本経済を支えるという自負を持ってスタートした長銀。朝鮮銀行という古傷を背負いながら出発した日債銀。発足の経緯こそ違うが両行とも高度成長の波に乗って業績を伸ばし、戦後復興期を支えるという輝かしい歴史を誇った。その時期に両行には二人のカリスマが登場する。長銀にはドンと呼ばれた元会長の杉浦敏介、日債銀には天皇と言われた元会長の頴川史郎である。二人は両行を代表するバンカーだったが、融資拡大路線を敷き規模の拡張を第一にした張本人でもあった。両行を破綻に追い込む道筋をつくったと言っても過言ではないだろう。二人は変革期を乗り切る後継者を選ぶことはなかった。選ばれた後継者は漫然とずさんな融資を繰り返し、問題の先送りを続けた。

のちに逮捕された長銀元頭取の大野木克信、日債銀前会長の窪田弘らの心中には、後始末だけをさせられたとの思いがあったに違いない。かつては不良債権を償却する機会は何度かあったが、最後の経営陣にはそれができなかった。時間だけが経過し既に手遅れになっていた。決算を粉飾してでも時間を稼ぎ、もう一度バブルが起きることを期待し続けた。資金繰りを続け、銀行を生き延びさせていた彼らには、世間から指弾されることはないという思いが強かった。

記者たちは何度も門前払いにあった。その口から少しずつ語られ始めたのは「ほかにどんな方法があったのか」という開き直りとも取れる言葉だった。公的資金という税金を投入されながら銀行を破綻させ「戦犯」と名指しされた彼らの重い口を開かせたのは、真実を語りたいという心情だったのか、それとも自らを正当化したいという思いだったのか。

両行が破綻する一年前の九七年十一月は「平成の金融危機」と呼ばれ、三洋証券、北海道拓殖銀行、そして山一証券までが次々と倒れた。先の見えない不況、銀行の貸し渋り、世界経済の足を引っぱる日本の景気低迷に、欧米諸国は首相の橋本龍太郎に対し金融機関の早急な不良債権処理を要求する。圧力に逆らうことができない橋本は、銀行の体質を一気に国際水準にすることを求めた。時間稼ぎが許される状況ではなかった。一方で大蔵省も責任を逃れることはできない。一連の証券事件や接待汚職発覚の後遺症で当事者能力を失っていたとはいえ、なすすべもなく大手銀行を崩壊させたという批判は受け入れるべきであろう。

金融機関の再編のスピードは予想を超える。さまざまな組み合わせが登場し、大蔵省の護送船団方式の庇護《ひご》から離れた各金融機関は生き残りの道を懸命に模索し始めている。再建、再編の流れは緒についたばかりである。日本の金融システムの正常化はまだ遠い。

本書は破綻した長銀と日債銀の不良債権問題を軸に、歴代経営陣がそれにいかにかかわり、隠蔽に走ったかを長銀の隠蔽マニュアルの全容や、住友信託銀行との合併交渉の舞裏など、初めて明らかになる話を盛り込み大手銀行崩壊の過程を追跡したドキュメンタリーである。戦後の経済成長を支えた日本型システムは、半世紀以上が経過して制度疲労が指摘されるようになった。経営、システムの失敗がどこにあったのか、少しでも読み取っていただければ幸いと思っている。

出版に当たっては共同通信が九九年三月から九月にかけ、全国の地方紙に配信した五部構成の連載企画「崩壊連鎖」を基に大幅に加筆し再構成した。取材と執筆は藤原聡、長田良夫、田中周紀、吉野克則、北神英典、鈴木智生、森和博、久慈省平、垂見和磨、青木理、竹田昌弘、石川義彦、柴田友明ら社会部記者が分担し、全体のとりまとめは社会部次長の渥美一志と三土正司が担当した。直接連載にかかわったのは以上だが、東京地検、警視庁の担当者をはじめとする多くの記者が取材に協力してくれた。

最後に本文中の主な登場人物の肩書は原則として新聞掲載時のものとし、敬称は略し、一部は仮名にさせていただいた。また、取材に応じてくださった方々や貴重な資料を提供してくださった方々に感謝申し上げる。なお、この本の出版に際しては株式会社共同通信社出版本部編集部の竹内洋子さんのお世話になった。この場を借りてお礼を述べたい。

一九九九年十二月

共同通信社社会部長　古賀尚文

## 文庫版あとがき

日本長期信用銀行と日本債券信用銀行の崩壊過程と捜査当局の動きを追った単行本『崩壊連鎖』は、一九九九年に共同通信社社会部が全国の地方紙に配信した連載記事がもとになっている。単行本出版から既に三年半が経過した。この間、金融界の再編は予想以上の速さで進み、長銀の大野木克信元頭取らに一審判決が言い渡されたほか、あらためて分かったこともある。文庫化にあたっては、当時、社会部次長だった三土正司と渥美一志が加筆、手直しした。登場人物の肩書きや事実関係は原則的に単行本刊行当時のものとした。

二〇〇三年五月

共同通信社整理部長　渥美一志

巻末資料

## 一九九九年十一月十九日、東京地裁で開かれた元長銀頭取大野木克信、元副頭取鈴木克治、須田正巳各被告の初公判での検察側冒頭陳述要旨（呼称、敬称略）

一、被告の経歴等（略）

一、長銀の概要（略）

一、資産査定と償却の関係等（略）

一、長銀の不良資産実態と処理状況

長銀内部では不良資産処理の先送りを問題視する意見があり、一九九三年八月のノンバンク関連部連絡会で、不良資産の受け皿会社移管は最終的な解決にならない、事業化推進には疑問があるとの意見が出された。

しかし、頭取の堀江鉄弥らは、受け皿会社を使った不良資産処理の先送り方針を維持した。

九五年八月ごろ、第三分類が約二千八百億円、第四分類が約一兆円になった旨の報告を受けた鈴木は「第三、四分類圧縮のために知恵を使ってくれ」「新頭取は、四月に就任され、大蔵省検査（MOF検）の対応次第では、頭取の首を差し出すことになる」などと発言し、不良債権の圧縮を指示した。

検査官に対し、抜き取ったり差し替えた資料を閲覧させるなどした。

一、犯行に至る経緯

九六年十月に頭取の諮問機関として、自己査定体制検討プロジェクトチーム（自己査定PT）を設置し、早期是正措置制度の導入に伴う自己査定基準策定を含む自己査定体制についての検討を始めた。

自己査定PTは、九七年二月十四日、被告三名らが出席した常務会において、長銀の第三、四分類の相当部分を占める関連ノンバンクを含む関連親密先を、一般先とは異なる査定基準を作成して圧縮する方針を中間答申として報告したところ、大野木は了承し、他の出席者もこれに賛同した。その後、内容をさらに検討し、最終答申案を作成した。

事業推進部担当者は、九八年四月下旬、鈴木に「一般先と関連親密先とで、それぞれ別個の自己査定基準を策定し、第三、四分類を圧縮する」と説明した。

事業推進部担当者は鈴木らを交え大野木にこれを説明。

鈴木も「事業推進部では中期計画での不良資産処理額に合うように自己査定基準を検討中だが、相当苦労している」などと口添えをしたところ、大野木はこれを了承、作業を進めるよう指示した。また、大野木は総合企画部担当者に「財源の関係もあるので、自己査定結果に基づく要償却・引当額と不良資産処理計画の内容が整合するよう事業推進部とともに検討するように」などと指示したほか、鈴木に「細かなところは鈴木専務と事業推進部に任せる」と述べた。

被告三名の了承を得た自己査定基準策定のための基本方針は、九七年五月二十三日の常務会で了承され、不良資産処理先送りの方針が確定した。

長銀は九七年十二月末を基準日とする自己査定に先立ち、予行演習として自己査定トライアルを実施した。

事業推進部担当者はトライアル用の自己査定基準として、関連親密先を「経営支援先」「経営支援実績先」「特定先」に三分し、一般先基準とは別の自己査定基準を設けた。

一、本件共謀状況および本件犯行状況等

十一月十一日、被告三名は総合企画部担当者から「配当維持を前提にした場合、赤字幅は二千五百億〜二千八百億円が限度。中間期決算発表時には、九七年度の不良資産処理額を五千億円としたまま、配当実施を前提にして赤字幅を二千五百億円として発表してはどうか」との意見具申を受けた。大野木は、配当の実施が必要であるとの考えから須田と鈴木に「無配という選択はないですね」と配当実施の方針を述べた。

大野木が「ともかく国際決済銀行（ＢＩＳ）の比率八パーセントの維持とファイナンス実施を最優先し、この二点を軸に決算を行うしかない」と述べ、須田と鈴木も賛同した。

総合企画部担当者は「行内には一気に不良資産を処理できるのであればＢＩＳ比率四パーセントとなっても今期にやるべきではないかという意見がある。五千億円の処理では不十分である」などと報告した。

大野木は「不良資産の抜本処理が必要なことは十分承知している」、鈴木は「やらなければいけないことは、十分、分かっている。そこのところを理解してほしい」、須田は「時間をかけるしかない」などと発言し決算運営方針を変更しないことにした。十二月二十五日の取締役情報連絡会で大野木は「長銀のグループ会社をどうするかを描かないと根本問題の解決にはならないが、破綻の顕在化を回避するほかない」と答え、長銀の破綻に直結しかねない関連親密先の抜本的処理は先送りするほかないとの考えを示した。

一、自己査定の実施状況

長銀は、九八年一月から三月にかけて、九七年十二月末を基準日とする自己査定本番を行った。被告三名は、第三、四分類を圧縮するとの方針で臨むことを確認していた。

自己査定本番の関連親密先基準は、トライアルに使用した基準を一部修正したもので、主な修正部分は関連ノンバンクの受け皿会社と、関連会社の保有資産の含み損を第二分類とすることなどだった。

これは、第二分類の増加を理由に、格付け機関が格付けを下げることがないようにする目的で、事業推進部では「第二つぶし」と呼ばれた。

九八年三月三十一日、大野木、須田らが出席した常務会で、九七年度の関連ノンバンクに対する不良資産処理額について計約二千八百二十億円に確定、との報告があり、不良資産処理額は、六千億円程度になる見込みで関連ノンバンク分は、二千八百二十億円で確定したという九七年度決算運営方針の報告があり、同日の経営会議、取締役会でも承認された。

三人は、回収不能見込みの不良資産が一兆円を超える規模に達しており、全額を償却・引き当てすべきで、その場合には剰余金がなくなって配当のできないことを知りながら、回収不能見込みの不良資産の一部のみの償却・引き当てを行ったうえで配当することを内容とする共謀を一層固めた。

一、本件犯行状況等

九七年度決算運営方針が承認されたことを受け四月二十二日ごろ、不良資産処理額約六千百六十五億円を含む決算案が作成された。同年度決算には必要な償却・引き当てをせず、当期未処理損失を二千七百十六億一千五百万円に圧縮した虚偽の貸借対照表、損益計算書および利益処分計算書の各案を含むもので総額七十一億七千八百六十四万円の配当を行うものだった。

株主に配当すべき剰余金は皆無だったのに、六月二十五日、株主総会で当期未処理損失を基に任意積立金を取り崩し、一株あたり三円の割合で配当を行う利益処分案が提出されて承認された。有価証券報告書を作成する総務部担当者は、六月二十日ごろまでに、当期未処理損失を虚偽の貸借対照表、損益計算書および利益処分計算書を掲載した有価証券報告書を完成させ、大野木の決裁を受けた上、大蔵省関東財務局長に提出した。

**二〇〇〇年一月二十一日、東京地裁で開かれた元日債銀会長窪田弘、元頭取東郷重興、元副頭取岩城忠男各被告の初公判での検察側冒頭陳述要旨（呼称、敬称略）**

一、被告の身上経歴（略）

一、日債銀の概要（略）

一、不良債権の処理状況

バブル経済を契機に日債銀は不動産関連会社やノンバンクへの融資を拡大させたが、シェアを拡大しようとするあまり十分な与信審査をしなかった。バブル経済の崩壊に伴い、融資先が破綻したり不動産価値が低迷し、回収不能もしくは回収に重大な懸念のある不良債権が増大した。

一九九一年五月、当時の頭取松岡誠司は急増する不良債権回収のため業務企画部を、九二年には不良債権の管理、回収を一元化して行う業務推進部を設置。

九三年五月時点で不良債権額は七千四百億円、これに関連ノンバンクの不良債権額を加えると総額は一兆円を超すことが判明した。

日債銀保有の有価証券の含み益を前提としても償却引き当てに充てられるものは六千六百億円程度にすぎなかった。不良債権額や償却財源不足の調査結果はその都度松岡らに報告され、松岡らは九二年四月ごろ「問題債権対策会議」を設置して不良債権処理をめぐる対応策を協議した。

一括処理には財源不足との認識から段階的に処理する先送りの方針を立て、十年程度の期間をかけ、年間約五百五十億円を段階的に償却することを決定した。

先送りの具体的手法として不良債権受け皿会社を設立する方法が採られた。

松岡を引き継いだ窪田は、九三年一月、不良債権処理先送りの説明を受け、景気が回復すれば受け皿会社に移した資産を処分し償却財源を確保できると見込んでいたが、景気低迷により不良債権は予想を超え一層深刻化した。

東郷は、九六年、日債銀入行にあたり日銀考査局管理課長らから日債銀が実質的に債務超過状況にあることなどを聞かされた。

九七年四月からの大蔵省の金融検査（MOF検）で、日債銀の回収不能債権は千四百四十八億円、回収に重大な懸念のある債権は約一兆四百八十五億円と査定された。窪田は岩城らMOF検関連部署の役員に「検査官をだますくらいの意気込みでやってほしい」などと檄を飛ばし、資産査定の再折衝を指示した。

岩城らは分類見直しを求める再建計画書を大蔵省に提出。同省は九月、回収不能債権は五百八十三億六千万円、回収に重大な懸念のある債権は一兆六百八十九億八千万円とする査定結果を示した。九八年三月期決算に際し、取り立て不能などと見込まれたのは「THCグループ」「九段開発グループ」「第一コーポレーション」「アポロリース」などで、窪田は事業化を理由とした時間稼ぎなどの対処方針などを説明された。

窪田は担当役員に「時間をかけて引き当てしていく方針でやってください」と、東郷も「そうだね。それしかないね」などと述べ、方針を了承。岩城も第一コーポレーションの説明を受けた際、「今期での引き当ては回避する方針でやってくれ。そのため特別清算の発表時期もずらせ」と工作実施を指示するなどした。

一、共謀と犯行状況等

被告三人は、九八年三月期決算で、破産した関連ノンバンク三社のほか、九七年中に破綻が表面化した北海道拓殖銀行などの大口貸出先への債権など、先送り困難な不良債権が増加したにもかかわらず、九七年四月の再建計画で不良債権処理が終わったとし、毎年百七十億円の当期利益達成を公約。この達成を装う必要があった。そのため当期利益確保を前提に、業務純益などから償却・引き当ての予算を算出、予算を超す不良債権処理は先送りする方針を踏襲することとし、関連ノンバンクの受け皿会社などの貸付金の償却などを先送りせざるを得ないと考えた。

日債銀は、当期利益額百七十億円を計上しようとすれば、償却・引き当ての予算額は業務純益など約千四百億円にすぎず、先送り不可能な不良債権すら十分処理できない状況だった。

岩城らの了解の上、経理部は財源不足を補い利益目標を達成するため、机上での試算を重ね、償却・引き当て予算として二千七百億円の見込み額を算出した。

経理部長は被告三人らに、九八年三月期決算で償却・引き当てが必要な不良債権として、ＭＯＦ検で査定され処理未了の約三百八十億円、関連ノンバンクの約千七十四億円、三洋証券など破綻した大口貸付先への約三百億円を報告。

償却引き当て予算の不足からＴＨＣグループへの償却引き当てをしないことなどを説明し了解を得た。

窪田ら三人は少なくとも七千～九千億円の不良債権のあることやこの全額を同期に償却すべきことを認識しながら、貸出先の名目上の事業計画を策定した上で、回収不能ではないと主張し、償却金額を圧縮した。

日債銀の監査にあたり、監査法人はＴＨＣグループ、九段開発グループの事業計画の合理性に疑問を抱いたが、同行の計画が合理性を欠くと決め付けることは立場を逸脱すると考えた。追加償却・引き当てを指導するにとどめた。また回収見込み金額を正確に検証できる資料の提出も得られず、自己査定結果を承認。

一、犯行後の状況

金融監督庁は九八年七月、日債銀の検査を実施。ＴＨＣグループについて、ほとんどを回収不能債権と査定した。しかし、日債銀は、ＴＨＣグループ、九段開発グループの事業計画に実現可能性があるかのよう装う説明をし、回収可能性を強硬に主張、検査官としても日債銀側の主張を否定する十分な資料が得られず、回収に重大な懸念がある債権に変更するなどした。

第一コーポレーション、アポロリースについては内容虚偽の自己査定資料を提出、回収不能債権額を圧縮した。

**二〇〇二年九月十日、東京地裁の川口宰護裁判長は、元長銀頭取大野木克信に懲役三年、執行猶予四年（求刑、懲役三年）、元副頭取の鈴木克治、須田正巳各被告に懲役二年、執行猶予三年（求刑、懲役**

二年）の有罪判決を言い渡す。その判決理由要旨（呼称、敬称略）

本件は一九九八年四月一日から金融機関の健全化を目指す早期是正措置制度が導入されるにあたり、各金融機関において、その保有資産に対する適切な自己査定を行い、不良債権について適正かつ妥当な償却・引当を実施した上で、客観的かつ正確な財務諸表を作成することが期待され、また義務づけられていた時期において、長銀の頭取および副頭取であった被告らがバブル期に不動産関連融資に狂奔し、その後のバブル崩壊によって多額の不良資産を生じさせてしまった関連ノンバンクなどを多数抱えている事実を隠蔽し、長銀に対する早期是正措置の発動を回避する意図から、九八年三月期決算において償却・引当を実施すべき不良資産額を圧縮するために資産査定通達などを逸脱した自己査定基準を策定して不良資産額を過少に積算した上、貸借対照表や損益計算書等の財務諸表および利益処分計算書に過少な当期末処理損失を計上した有価証券報告書を作成して大蔵省関東財務局長に提出するとともに、株主に配当すべき剰余金が存在しないのに違法に株主に多額の配当を実施したという事案であって、その粉飾額は三千百億円余りで、違法配当額も七十一億円余りと多額に上っている。

ところで、証券取引法が、上場会社に対し、会社の概況や経理の状況などその事業内容に関する重要な事項を掲載した有価証券報告書などの大蔵大臣への提出を義務づけ、その開示を求めている趣旨は、現代社会における企業の資金調達手段として重要な機能を担い、かつ、その経済活動の基盤となっている証券市場において、投資家がその自主的な判断と自己責任に基づき、安心して有価証券の売買を行うことができるようにするためには、投資などの判断をするにあたって必要不可欠な上場会社の財務内容に関して客観的かつ正確な情報の提供を受ける必要があることに基づくものである。上場会社によってその財務内容の重要な事項に虚偽の情報が混入させられることは、多くの投資家の判断を誤らせて経済的損失を被らせるだけでなく、証券市場に対する投資家の信頼を失わせ、ひいてはわが国の経済にも重大な悪影響を与えかねないものであることから、被告らの犯行が証券市場に対する投資家の信頼を裏切り失墜させたことは明らかである。

のみならず、金融機関においては、一般企業以上に公共性が強く、企業経済活動をはじめとする国民経済の基礎となる重要な役割を担っていることからして、より高度な企業倫理が要請されることに加え、本件当時は、バブル崩壊に伴う景気減退が続き、その原因が金融機関における多額の不良債権処理の遅れにあると指摘され、その早期処理が喫緊の課題とされていた時期にあたり、それまでの裁量的な行政指導による金融行政から透明性の高い客観的な基準に基づく行政処分による金融行政に転換するにあたって、金融機関の自己責任が強調され、それまで以上に自己責任の強化が求められていた中で、主要金融機関の一角を占め、長期信用銀行として国民の信頼を得ていた長銀の経営者であった被告らが巨額の不良債権の隠蔽を図ったことは、誠に悪質な犯行と言わざるを得ない。

また、商法において、利益の配当をするにあたって一定の配当可能利益の存在を要求している趣旨は、株式会社に対する債権を有する債権者にとっては、会社が保有している財産が唯一の担保であるため、安易な資本の流出を防止することによって債権者の利益を保護する必要性が高いことに基づくものであることに鑑みると、九八年三月期当時、巨額の不良債権を抱える一方、株式市場の低迷や不動産価格の下落などによって有価証券や不動産の含み益が枯渇してきた長銀においては、さらなる株価の下落などによっては極めて厳しい経営状況に追い込まれる恐れがあることが予想できた中で、被告らが巨額の違法配当を実施し会社財産を流出させたことは、会社財産および債権者らの利益を危うくした誠に重大かつ悪質な犯行と言わざるを得ない。

このような本件各犯行の中において、大野木は長銀の代表取締役頭取として、また、須田および鈴木は長銀の代表取締役副頭取として、いずれも長銀経営陣の中核を形成し、本件に連なる種々の意思決定に関与してきたものであって、その責任は重いというべきであり、ことに大野木は本件当時の長銀のトップとして、その責任は三人の中でも最も重いと言える。

他方、本件当時、長銀が多額の不良債権を抱え込んでいたのは、いわゆるバブル期において長銀本体のみならず関連ノンバンクなどにおいても不動産関連の融資にのめり込んだことに加え、バブル崩壊が起こったあとも不動産関連融資からの迅速な撤退が遅れ、さらにその後も思い切った不良債権の処理を断行しないまま先送りすることを続けてきた結果であって、大野木が頭取に就任した時には、既に巨額の不良債権を抱え込んでしまっていて、その処理は容易な状況にはなかったといえる。そのような状況の中で被告らは、何とか住専処理を実行したものの、その後は株式市況の低迷で不良債権処理の財源となる有価証券の含み益が減少する一方で、早期是正措置制度の導入にあたって、ＢＩＳ比率を確保し、かつ、長銀に対する市場の信頼をつなぎとめる手段としての配当を続けるという苦渋の選択をせざるを得なかった側面があることも否定できない。その意味では、長銀の厳しい財務状況の中でその経営陣の中核となり、極めて困難な舵取りを委ねられた被告らの立場に対しては同情すべき余地があり、被告らだけを非難することは失当といえる。また、被告らにおいても、九八年十月二十三日、長銀に対して金融再生法三六条一項の特別公的管理が開始され、長銀の事実上の倒産を阻止することができなかったことについては深く責任を感じていること、既にそれなりの社会的制裁を受けていると評価できることなど、被告らのために酌むべき事情も認められる。

## 平成の銀行統廃合〈5大金融グループ〉

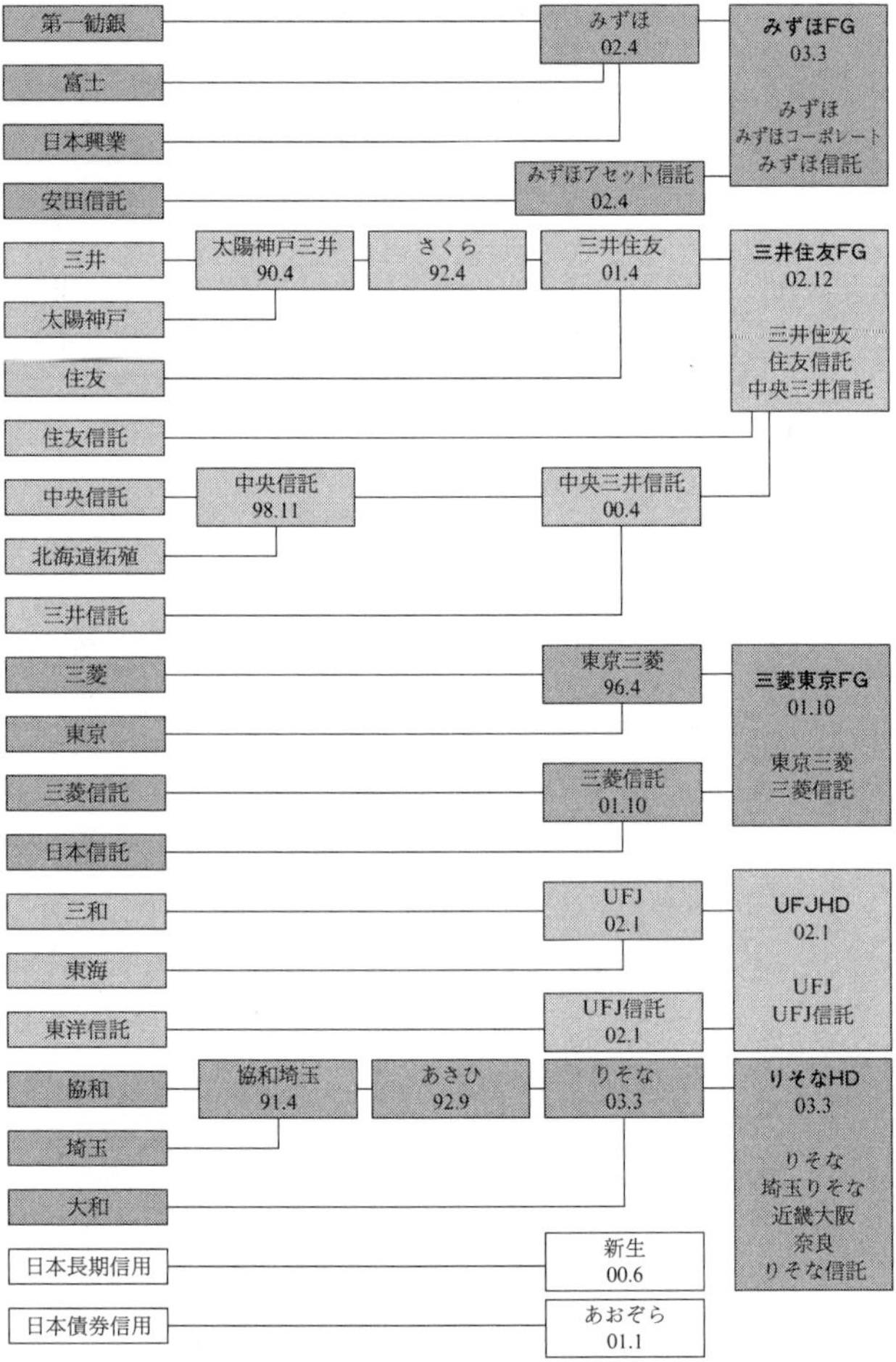
第一勧銀
富士
日本興業
安田信託
みずほ
02.4
みずほアセット信託
02.4
みずほFG
03.3
みずほ
みずほコーポレート
みずほ信託
三井
太陽神戸
住友
住友信託
中央信託
北海道拓殖
三井信託
太陽神戸三井
90.4
さくら
92.4
三井住友
01.4
中央信託
98.11
中央三井信託
00.4
三井住友FG
02.12
三井住友
住友信託
中央三井信託
三菱
東京
三菱信託
日本信託
東京三菱
96.4
三菱信託
01.10
三菱東京FG
01.10
東京三菱
三菱信託
三和
東海
東洋信託
UFJ
02.1
UFJ信託
02.1
UFJHD
02.1
UFJ
UFJ信託
協和
埼玉
大和
協和埼玉
91.4
あさひ
92.9
りそな
03.3
りそなHD
03.3
りそな
埼玉りそな
近畿大阪
奈良
りそな信託
日本長期信用
日本債券信用
新生
00.6
あおぞら
01.1

| 首相 | 旧大蔵省 | | |
|---|---|---|---|
| | 大臣 | 事務次官 | 銀行局長 |
| 幣原喜重郎 45・10 | 渋沢敬三 45・10 | 山際正道 45・10 | 江沢省三 45・10 |
| | | 山田義見 46・1 | |
| 吉田茂 46・5 | 石橋湛山 46・5 | | |
| | | | 福田赳夫 46・7 |
| | | 池田勇人 47・2 | |
| 片山哲 47・5 | 矢野庄太郎 47・5 | | |
| | 栗栖赳夫 47・6 | | |
| | | | 愛知揆一 47・9 |
| 芦田均 48・3 | 北村徳太郎 48・3 | 野田卯一 48・3 | |
| 吉田茂 48・10 | 泉山三六 48・10 | | |
| | 池田勇人 49・2 | 長沼弘毅 49・2 | |
| | | | 舟山正吉 50・2 |
| | | 舟山正吉 51・4 | |
| | | | 河野通一 51・5 |
| | 向井忠晴 52・10 | | |
| | 小笠原三九郎 53・5 | | |
| | | 河野一之 53・8 | |
| 鳩山一郎 54・12 | 一万田尚登 54・12 | | |

## 長銀・日債銀事件年表

45・8・15 終戦。福田赳夫と勝田竜夫、大蔵省の地下室で玉音放送を聞く
46・8・1 日本興業銀行、復興融資を開始
12・27 政府、石炭の集中生産をはじめとする傾斜生産方式の開始を決定
47・6 警視庁、収賄容疑で貿易庁事務官勝田竜夫を逮捕
7・1 独占禁止法施行
49・3・7 ドッジ財政顧問、経済安定九原則実施に関し声明発表（ドッジ・ライン）
4・1 東京、名古屋、大阪の三証券取引所設立。5月14日、開業
4・23 GHQ、一ドル＝三六〇円の単一為替レート設定。25日、実施
50・6・25 朝鮮戦争始まる
51・5・15 日本開発銀行開業
9・4 サンフランシスコで対日講和会議（〜8日）
52・2・2 池田勇人蔵相、オーバーローン是正策として投資銀行構想発表
3・11 閣議で長期信用銀行法案決定、国会提出
6・12 長期信用銀行法公布
7・21 日銀本店内に日本長期信用銀行設立準備室
8・14 日本、国際通貨基金（IMF）協定に加盟調印
9・1 長銀設立準備室、日銀九段分館に移転
12・1 長銀設立。**頭取に原邦道**（〜57・11）。杉浦敏介ら、日本勧業銀行から長銀入り。興銀、長期信用銀行法に基づく銀行に転換
12・5 長銀、営業開始
54・3 長銀の貸出残高五〇〇億円突破
4 窪田弘、大蔵省入省。堀江鉄弥、増沢高雄、長銀入行

| | | | | | | | | |
|---|---|---|---|---|---|---|---|---|
| 石橋湛山 56・12 | 岸信介 57・2 | 池田勇人 60・7 | 佐藤栄作 64・11 | | | | | |
| 池田勇人 56・12 | 一万田尚登 57・7 | 佐藤栄作 58・6 | 水田三喜男 60・7 | 田中角栄 62・7 | 福田赳夫 65・6 | 水田三喜男 66・12 | | |
| 平田敬一郎 55・7 | 森永貞一郎 57・5 | 石田正 59・6 | 石原周夫 61・5 | 石野信一 63・4 | 佐藤一郎 65・4 | 谷村裕 | | |
| 東条猛猪 55・8 | 酒井俊彦 57・6 | 石田正 57・11 | 石野信一 59・6 | 大月高 61・6 | 高橋俊英 63・4 | 佐竹浩 65・6 | 村上孝太郎 66・7 | 澄田智 |

55・10・13 社会党統一
11・15 自由民主党発足（保守合同）
12 長銀の貸出残高一〇〇〇億円突破
56・7・17 経済企画庁、経済白書で「もはや戦後ではない」と強調
7・19 不動産銀行構想発表
12・18 国連総会、日本の国連加盟を承認
12・19 大蔵省、日本不動産銀行（のちの日債銀）設立を正式認可
57・3・19 日本不動産銀行設立、**頭取に星野喜代治**（〜61・11）。4月1日、開業
11 **長銀会長に原邦道**（〜59・4）、**頭取に濱口巌根**（〜66・5）
12 長銀の貸出残高一五〇〇億円突破
58・5 杉浦敏介、長銀取締役に就任
59・4 大野木克信、長銀入行
60・9 東京証券取引所の出来高、過去最高の二億株を突破
12 池田首相、国民所得倍増計画を発表
61・3 長銀の貸出残高三五〇〇億円突破
11 **不動産銀行会長に星野喜代治**（〜69・10）、**頭取に中村建城**（〜65・10）
62・4 鈴木克治、長銀入行
64・4 上原隆、長銀入行
10・1 東海道新幹線開業
10・10 東京オリンピック開幕
65・5・28 山一証券の経営悪化が表面化。日銀特別融資決定
6・22 日韓基本条約調印
10 **不動産銀行頭取に湯藤實則**（〜69・10）
66・4 東郷重興、日本銀行入行
5 **長銀会長に濱口巌根**（〜69・2）、**頭取に宮崎一雄**（〜71・5）

72・7 田中角栄
74・12 三木武夫

---

福田赳夫 68・11
水田三喜男 71・7
植木庚子郎 72・7
愛知揆一 72・12
福田赳夫 73・11
大平正芳 74・12

---

67・1
村上孝太郎 68・6
澄田智 69・8
鳩山威一郎 71・6
吉国二郎 72・6
相沢英之 73・6
高木文雄 74・6
竹内道雄 75・7

---

66・7
青山俊 69・8
近藤道生 70・3
吉田太郎一 72・6
高橋英明 74・6
田辺博道 75・7

---

68・7 長銀、「第一次長期経営計画」策定
69・5・26 東名高速全線開通
6・10 経済企画庁、日本の国民総生産（GNP）が西側第二位と発表
10 **不動産銀行会長に湯藤實則**（〜74・10）、**頭取に勝田竜夫**（同）
70・1・2 日銀、国際決済銀行（BIS）に再加盟
3・31 八幡・富士製鉄が合併し新日本製鉄発足
4 長銀、東証二部に上場
3・14 大阪万博開幕
9・17 ソニー、日本企業初のニューヨーク証券取引所上場
71・2 長銀、東証一部に指定替え
5 **長銀会長に宮崎一雄**（〜77・12）、**頭取に杉浦敏介**（〜78・6）
8・15 ニクソン大統領、ドル防衛のため経済金融対策発表（ニクソン・ショック）
10・1 日本勧業銀行と第一銀行が合併し第一勧業銀行発足
10 長銀の貸出残高二兆円突破
72・2・3 札幌冬季オリンピック開幕
5・15 沖縄復帰
7 田中角栄首相、「列島改造計画」発表
9・29 日中国交正常化
73・10 第一次石油危機。太陽銀行と神戸銀行が合併し太陽神戸銀行発足
11 衆院予算委で不動産銀行の東亜相互企業への融資が問題化
74・2・19 公正取引委員会、独禁法違反で石油元売り一二社を告発
10 **不動産銀行会長に勝田竜夫**（〜87・12）、**頭取に渡辺淳**（〜78・10）
75・3・10 山陽新幹線、岡山・博多間開業
7・19 沖縄国際海洋博覧会開幕
11・15 フランスで第一回サミット開催

| | | | | | | | |
|---|---|---|---|---|---|---|---|
| 福田赳夫 76・12 | 大平正芳 78・12 | 鈴木善幸 80・7 | 中曽根康弘 82・11 | | | | |
| 坊秀男 76・12 | 村山達雄 77・11 | 金子一平 78・12 | 竹下登 79・11 | 渡辺美智雄 80・7 | 竹下登 82・11 | 宮沢喜一 86・7 | |
| 吉瀬維哉 | 大倉真隆 77・6 | 長岡実 78・6 | 田中敬 79・7 | 高橋元 80・6 | 松下康雄 81・6 | 山口光秀 82・6 | 吉野良彦 84・6 86・6 |
| 後藤達太 | 徳田博美 76・6 | 米里恕 77・6 | 宮本保孝 79・7 | 吉田正輝 81・6 | 平澤貞昭 84・6 86・6 | | |

12・7 安宅産業の経営危機表面化。77年10月、伊藤忠商事と合併
76・7・27 ロッキード事件で田中角栄元首相逮捕
77・10 日本不動産銀行、日本債券信用銀行に行名変更
78・5・20 成田空港開港
6 **長銀会長に杉浦敏介**（〜89・6）、**頭取に吉村勘兵衛**（〜84・6）
10 **日債銀頭取に安川七郎**（〜82・11）
79・4 松下電器産業、日本初の無担保転換社債発行
6・28 東京サミット開催
80・1・11 本田技研工業、乗用車生産工場の初のアメリカ進出発表
6・12 大平正芳首相急死
81・5・1 日米自動車協議決着、対米輸出自主規制実施へ
82・6・23 東北新幹線、大宮・盛岡間開業
11 **日債銀頭取に頴川史郎**（〜87・12）
83・9 日債銀の福島交通グループへの過剰融資が国会で問題化
84・3・18 江崎グリコ社長拉致事件発生
4 **長銀頭取に酒井守**（〜89・4）
85・4 長銀、第五次長期経営計画発表
4・1 日本電信電話（NTT）発足
8・12 日航機、御巣鷹山に墜落
9・22 プラザ合意。このころから長銀のイ・アイ・イへの融資始まる
86・1・24 円相場一ドル＝二〇〇円の大台割れ
5・27 大蔵省、日本が世界最大の債権国になったと閣議報告
7・6 東京地検、特別背任容疑で平和相互銀行前社長らを逮捕。長銀のイ・アイ・イへの融資が本格化
87 日債銀の丸金コーポへの融資始まる。93年までに約三七〇億円
日債銀の朋友グループへの融資始まる。92年までに約五五五億円

| | | | |
|---|---|---|---|
| 竹下登 87・11 | | 宇野宗佑 89・6 | 海部俊樹 89・8 |
| 村山達雄 88・12 | | 橋本龍太郎 89・8 | |
| 西垣昭 88・6 | 平澤貞昭 89・6 | | 小粥正巳 90・6 |
| 土田正顕 89・6 | | | |

1 政府保有のNTT株売り出し開始
4・1 JRスタート
6 窪田弘、国税庁長官に就任
9 大野木克信、長銀企画部長に就任
10・19 ニューヨーク市場で史上最悪の株価暴落（ブラックマンデー）
10・20 東証平均株価、前日比約三八三六円安と市場開設以来の大暴落
12・11 東京外為市場の円相場、一ドル＝一三〇円を突破し最高値を記録
12 **日債銀会長に頴川史郎**（〜92・6）、**頭取に松岡誠司**（〜93・6）
88・3・13 青函トンネル開通
5・29 モスクワで米ソ首脳会談、中距離核戦力（INF）全廃条約発効
6・18 リクルート疑惑発覚。疑惑政財界に波及
7・6 江副浩正会長辞任
7 BIS基準を国際統一
89・1 長銀、第六次長期経営計画発表（4月から実施）
2 大野木克信、長銀常務・企画部長に就任
4・1 消費税導入
6 杉浦敏介、長銀取締役相談役最高顧問、鈴木克治、長銀取締役に就任。**会長に酒井守**（〜91・4）、**頭取に堀江鉄弥**（〜95・4）
9・27 ソニー、米コロンビア・ピクチャーズ・エンタテインメントの買収を発表
11・9 ベルリンの壁崩壊
12・2 米ソ首脳、マルタ島で会談。冷戦終結を確認
12・29 東証平均株価、史上最高値（三万八九一五・八七円）
90・3・27 大蔵省、金融機関の土地関連融資の総量規制を通達
4・1 三井銀行と太陽神戸銀行が合併し太陽神戸三井銀行発足
10・1 東証平均株価、三年七ヵ月ぶりに二万円台割れ

| | | | | |
|---|---|---|---|---|
| 宮沢喜一 91・11 | | 細川護熙 93・8 | 羽田孜 94・4 | 村山富市 94・6 |
| 羽田孜 91・11 | 林義郎 92・12 | 藤井裕久 93・8 | 武村正義 94・6 | |
| 保田博 91・6 | 尾崎護 92・6 | 斎藤次郎 93・6 | | |
| 寺村信行 92・6 | 西村吉正 94・7 | | | |

91 11 長銀のイ・アイ・イへの融資、三五〇億円に

バブル崩壊が本格化。地価・株価が大幅下落

4・1 協和銀行と埼玉銀行が合併し協和埼玉銀行発足

4 **長銀会長に増沢高雄**（～98・8）

5 日債銀で事業推進部主導の不良債権受け皿設立本格化。窪田弘、北海道東北開発公庫総裁に就任

12・20 政府、不動産融資総量規制の年内限り解除を決定

92・3 不動産融資総量規制を撤廃

4 長銀のイ・アイ・イへの融資がピークに（三八〇〇億円）

6 杉浦敏介、長銀相談役最高顧問に。鈴木克治、長銀常務・企画部長に就任。長銀に事業推進部発足。エル都市開発も受け皿化

9 日債銀、関連ノンバンク三社の金利減免を融資先に要請

9・28 東京外為市場の円相場、一ドル＝一二〇円を突破し新高値記録

10・1 三和銀行、東洋信金を吸収合併

93・1 窪田弘、日債銀顧問に

3・6 所得税法違反で、金丸信自民党元副総裁逮捕（ワリシン使った脱税）

6 大野木克信、長銀副頭取に就任

6 **日債銀会長に松岡誠司**（～96・6）、**頭取に窪田弘**（～97・8）

7 長銀、イ・アイ・イへの支援打ち切る

94・2 長銀、不良債権受け皿「日比谷総合開発」を設立

11・2 円相場、史上最高値更新、一ドル＝九六・三五円

95・1・17 阪神大震災

3・9 衆院予算委、高橋治則イ・アイ・イ・オーナーを証人喚問

3・16 参院予算委、堀江鉄弥長銀頭取と三重野康前日銀総裁を参考人招致

3・29 参院予算委、高橋治則イ・アイ・イ・オーナーと堀江鉄弥長銀頭

橋本龍太郎 96・1

久保亘 96・1　三塚博 96・11

篠沢恭助 95・5　小川是 96・1

山口公生 96・7

取を証人喚問
3・30 衆院予算委、堀江鉄弥長銀頭取と三重野康前日銀総裁を証人喚問
4 東郷重興、日銀国際局長に就任。**長銀頭取に大野木克信**（〜98・8）
4・19 円相場史上最高値（一ドル＝七九・七五円）
6 東京地検特捜部、高橋治則イ・アイ・イ・オーナーを逮捕
7 上原隆、長銀常務・企画部長に就任
11 長銀、イ・アイ・イに対し六七億円余の支払いを求めて提訴
11・6 高橋治則イ・アイ・イ・オーナー初公判
12・6 東京地検特捜部、山口敏夫元労相を逮捕
96・2 杉浦敏介、長銀特別顧問に
3・22 日債銀、ドイツ現地法人の閉鎖を発表
3・30 太平洋銀行、経営破綻
4・8 円相場、五年ぶりに一ドル＝一二六円
5 東郷重興、顧問として日債銀入行。6月、常務に就任
6 **日債銀会長兼頭取に窪田弘**（〜98・12）
97・2・5 日債銀の株価下落、経営不安説流れる
3・5 大蔵省金融検査部、「資産査定ガイドライン」を示す
3・21 米ムーディーズ、日債銀を投資適格外と発表
4・1 消費税五パーセントに。日債銀、経営再建策を発表
4・25 日産生命に業務停止命令
5・14 総会屋への利益供与事件で、東京地検、野村証券元常務らを逮捕
5・30 大蔵省、中井省審議官名で日本生命に日債銀再建確認書。東京地検、酒巻英雄・野村証券元社長を商法違反容疑などで逮捕
6・5 総会屋への利益供与事件で、東京地検、第一勧銀総務部長らを逮捕
6・13 東京地検、第一勧銀副頭取らを逮捕。第一勧銀の逮捕者一〇人に

小村武 97・7

田波耕治 98・1

松永光 98・1

7・4 東京地検、第一勧銀の奥田正司前会長を逮捕
7・15 長銀、スイス銀行（SBC）と提携合意
7・28 全銀協、資産査定Q&Aを配布
7・29 日債銀、奉加帳方式による約二九〇七億円の第三者割当増資完了
8 **日債銀頭取に東郷重興**（〜98・12）
9・1 日債銀、社内分社化で「プロジェクト日債銀」をつくる
9・11 大蔵省、日債銀に検査結果通知。第三分類一兆一二一二億円、第四分類五八九億円
9・17 東京地検、山一証券元専務ら五人を商法違反容疑で逮捕
9・19 長銀とSBCとの提携、正式契約
9・24 東京地検、商法違反容疑で山一証券の三木淳夫前社長を逮捕
10・21 総会屋への利益供与事件で、東京地検、日興証券元常務らを逮捕
10・28 東京地検、商法違反容疑で大和証券元部長らを逮捕
10・30 東京地検、商法違反容疑で日興証券元副社長らを逮捕
11 拓銀、山一、三洋証券、徳陽シティ銀行、相次ぎ破綻
11・6 東京地検、商法違反容疑で大和証券元副社長らを逮捕
12・8 SBC、スイス・ユナイテッド銀行（UBS）と合併し、新UBSに
98・1・18 東京地検、大蔵接待疑惑で大蔵OBの道路公団理事らを逮捕
1・26 東京地検、収賄容疑で大蔵省金融証券検査官室長ら二人を逮捕
2 金融安定二法成立。三〇兆円の公的資金投入を決定
2・9 東京地検、道路公団汚職の贈賄容疑で興銀元常務を逮捕
3 杉浦敏介、長銀特別顧問退任。長銀の全役職から退く
3・4 東京地検、山一証券の粉飾決算事件で前会長らを逮捕
3・5 東京地検、収賄容疑で大蔵省証券局の課長補佐らを逮捕
3・11 東京地検、収賄容疑で日銀証券課長を逮捕
3・13 大手銀に公的資金注入決定。長銀一七六六億、日債銀六〇〇億円

| | |
|---|---|
| 小渕恵三 98・7 | |
| 宮沢喜一 98・7 | |
| | |
| | 伏屋和彦 98・6 |

4 金融ビッグバン始動、早期是正措置施行。上原隆が長銀副頭取に
4・24 政府、一六兆円超の経済対策を発表
6・1 長銀ウォーバーグ証券営業開始
6・5 月刊『現代』、長銀経営危機を報道
6・9 長銀ウォーバーグ証券、長銀株大量売り
6・19 共同通信、長銀の経営危機深刻化を報道
6・22 金融監督庁発足。大蔵省で銀行局と証券局が統合し金融企画局に
6・26 長銀、住友信託銀行との合併検討を発表
7・2 長銀、住友信託との合併検討委を設置
7・12 参院選で自民党惨敗
7・22 長銀株価、終値で五〇円の額面割れ
7・24 金融監督庁、日債銀の検査に着手
8・10 三田工業、会社更生法申請
8・11 円相場八年ぶりの安値、一ドル＝一四七円台に
8・16 新UBS、長銀との提携解消を表明
8・21 長銀の増沢高雄会長、大野本克信頭取ら、経営陣総退陣表明。**頭取に鈴木恒男**（〜98・11）
9・27 日本リース、会社更生法適用申請
10・8 住友信託、合併交渉を白紙撤回
10・12 金融再生関連法案成立
10・23 長銀、特別公的管理（一時国有化）に
11・16 金融監督庁、日債銀の債務超過を認定する検査結果を通知。政府、二四兆円規模の緊急経済対策を決定
12・9 日債銀、中央信託銀行との合併見送り・業務提携を発表
12・13 政府、日債銀の特別公的管理を決定
12・15 金融再生委員会発足
12・25 窪田弘会長、東郷重興頭取ら、日債銀の経営陣退任

| |
|---|
| |
| |
| 薄井信明 99・7 |
| 福田誠 99・7 |

99・2・25 日債銀東郷重興前頭取ら、衆院予算委で参考人質疑
3・1 日債銀、経営合理化計画。元役員一六人に退職金返還請求
3・2 北海道警、拓銀元頭取ら四人を特別背任容疑で逮捕
3・31 長銀の内部調査委、新経営陣に中間報告
5・6 長銀の上原隆元副頭取自殺
5・17 長銀大阪支店長自殺
6・4 長銀内部調査委、大野木克信元頭取ら旧経営陣を告訴
6・10 東京地検と警視庁、大野木克信元頭取ら長銀旧経営陣三人を逮捕
6・30 東京地検など、長銀の大野木克信元頭取らを起訴
7・23 日債銀、旧経営陣を告発。東京地検、東郷重興元頭取ら六人を逮捕
7・26 東京地検と警視庁、日債銀本店を家宅捜索
8・13 窪田弘日債銀前会長らを起訴
8・20 興銀、富士銀、第一勧銀、経営統合計画を発表
9・28 長銀、譲渡先を米国リップルウッド・ホールディングスに決定と発表
10・14 住友銀行とさくら銀行、合併に向けた提携を発表
11・17 警視庁、クレディ・スイス・ファイナンシャル・プロダクツ銀行東京支店前支店長を銀行法違反容疑で逮捕
11・19 大野木克信元頭取らの初公判
11・29 東京地検、プリンストン債をめぐり、クレスベール証券東京支店前会長とヤクルト本社元副社長を逮捕
11・30 警視庁など、商法の特別背任容疑で国民銀行前頭取ら四人を逮捕
12・1 長銀の元株主三四人、大野木克信元頭取ら旧経営陣一〇人と監査法人に約九〇〇〇万円の損害賠償を求める

本書は、一九九九年十二月に共同通信社から刊行された『崩壊連鎖——長銀・日債銀粉飾決算事件』を、加筆、手直しの上、文庫化したものです。

**本文写真提供**
共同通信社、講談社資料センター

共同通信社社会部―社団法人共同通信社は、日本を代表する通信社として、内外で起きたニュースを取材、編集し、全国の新聞社、放送局に提供するとともに、日本の動きを海外の報道機関に伝えている。中でも社会部の担当範囲は極めて広く、国内外の事件事故、司法、各省庁を担当するほか、皇室報道や選挙速報などの場面でも活躍している。
講談社＋α文庫に、『東京地検特捜部』『野望の系譜　闇の支配者　腐った権力者』が収録されている。

講談社＋α文庫 銀行《ぎんこう》が喰《く》いつくされた日《ひ》

共同通信社社会部《きょうどうつうしんしゃしゃかいぶ》 

2003年5月20日第1刷発行

発行者――野間佐和子
発行所――株式会社 講談社
東京都文京区音羽2-12-21 〒112-8001
電話 出版部(03)5395-3532
販売部(03)5395-5817
業務部(03)5395-3615

写真――共同通信社
デザイン――鈴木成一デザイン室
カバー印刷――凸版印刷株式会社
印刷――慶昌堂印刷株式会社
製本――株式会社国宝社

落丁本・乱丁本は購入書店名を明記のうえ、小社書籍業務部あてにお送りください。
送料は小社負担にてお取り替えします。
なお、この本の内容についてのお問い合わせは
生活文化第四出版部あてにお願いいたします。
Printed in Japan ISBN4-06-256740-7
定価はカバーに表示してあります。

## 講談社+α文庫 Ⓖビジネス・ノンフィクション

| | | | | |
|---|---|---|---|---|
| *無法経済の主役たち 「頭取・社長」という名の不良債権 | 有森 隆 グループK | みずほ、マイカル、青木建設、雪印食品……。責任感のかけらもない悪徳経営者を許すな！ | 840円 | G 60-2 |
| 加害者にされない 被害者にならない 刑法の基礎と盲点 | 河上和雄 | 知らなかったではすまされない！ 自分の身を守るためにこれだけは必要な刑法早わかり | 840円 | G 61-1 |
| 機長の一万日 コックピットの恐さと快感！ | 田口美貴夫 | 民間航空のベテラン機長ならではの、コックピット裏話。空の旅の疑問もこれでスッキリ | 740円 | G 62-1 |
| *語録・ユニクロの戦略戦術 勝利するビジネスモデルの研究 | 近藤道郎 編著 | このデフレ時代に「大成功」！ 失敗を恐れないユニクロ精神とは何か!? その秘密を解明 | 680円 | G 63-1 |
| ナニワ金融道 なんでもゼニ儲けや！ | 青木雄二 | こんな時代だから、大不況でも絶対に損しないゼニのプロ「金融屋」の生きた知恵に学ぶ!! | 680円 | G 64-1 |
| ナニワ金融道 ゼニのカラクリがわかるマルクス経済学 | 青木雄二 | ゼニとはいったいなんなのか!? 資本主義経済の本質を理解すればゼニの勝者になれる!! | 740円 | G 64-2 |
| はみ出し銀行マンの「金持ちになれる人・なれない人」講座 | 横田濱夫 | 金の世界を知り尽くした男が明かす、「お金が貯《た》まって幸せになれる人」の行動法則！ | 540円 | G 65-1 |
| お金が「殖えて貯まる」30の大法則 | 横田濱夫 | 不況でも安心！ お金がお金を生む仕組みから勝ち組になる運用法まで、すべてわかる本 | 680円 | G 65-2 |
| 世界のテロリスト 地下ネットワーク最新情報 | 黒井文太郎 | 大義か金か、ロマンか暴力か!? 跳梁跋扈《ちょうりょうばっこ》する危険な連中、テロリストの最新全情報!! | 980円 | G 66-1 |
| 宰相の指導者 哲人安岡正篤の世界 | 神渡良平 | 歴代宰相、財界指導者たちが競って師事した日本の巨儒！ 先賢の智慧と人倫の道を説く | 880円 | G 67-1 |

*印は書き下ろし・オリジナル作品

表示価格はすべて本体価格（税別）です。本体価格は変更することがあります

# 講談社+α文庫 Ⓖビジネス・ノンフィクション

**探偵調査報告 人間は天使でも悪魔でもない**
東郷克利
人探し、浮気調査から退職者の追跡……現代の忍者、探偵はあらゆる情報を集めまくる！
740円 G 76-1

**緊急事態発生！ 機長の英断**
スタンリー・スチュワート
十亀洋 訳
墜落寸前!! 絶体絶命の非常事態に機長はいかに立ち向かったか。奇跡のドキュメント!!
980円 G 77-1

**「人望力」の条件 歴史人物に学ぶ「なぜ、人がついていくか」**
童門冬二
人が集まらなければ成功なし。〝この人なら〟と思わせる極意を歴史人物たちの実例に学ぶ
780円 G 78-1

**逆境に打ち克つ男たち 歴史人物に学ぶ「いま求められる四つの知恵」**
童門冬二
ツケを払う世紀であるいま、実例に学び、正念場を乗り切る発想法と行動力を身につける
780円 G 78-2

**この地球《ほし》を受け継ぐ者へ 地球縦断プロジェクト「P2P」全記録**
石川直樹
8人の若者が北極から南極まで人力だけで旅をした！ 若き冒険者が綴《つづ》る肉体と魂の記録
880円 G 79-1

**機長の危機管理 何が生死を分けるか**
桑野偕紀
前田荘六
塚原利夫
予測を超えた緊急事態発生!! 墜落か生還かの分かれ目は。乗客の命を預かる機長の決断
880円 G 80-1

**警察が狙撃された日 国松長官狙撃事件の闇**
谷川葉
公安・刑事両部の確執、公安秘密組織〈チヨダ〉の実態……。警察の暗部を暴く問題作!!
880円 G 81-1

**＊私のウォルマート商法 すべて小さく考えよ**
サム・ウォルトン
渥美俊一 監訳
桜井多恵子 監訳
売上高世界第1位の小売業ウォルマート。創業者が説く売る哲学、無敵不敗の商《あきな》いのコツ
940円 G 82-1

**ブッシュの終わりなき世界戦争**
浜田和幸
イラク攻撃の真の狙いは何か？ 9・11同時多発テロはどす黒い陰謀のプロローグだった
780円 G 83-1

**ソニーの「出井《いでい》」革命**
立石泰則
企業を甦《よみがえ》らせるトップのビジョンと変革力!! ソニー奇跡の再生と企業革命の真髄に迫る！
740円 G 84-1

＊印は書き下ろし・オリジナル作品

表示価格はすべて本体価格（税別）です。本体価格は変更することがあります

講談社+α文庫 Ⓖビジネス・ノンフィクション

*巨大化するアジアを読む地図 大薗友和
アジアはよみがえったのか!? 世界一の多民族・多言語・多宗教社会を抱えるアジアの今!!
780円 G 85-1

軍隊なき占領 戦後日本を操った謎の男 ジョン・ロバーツ グレン・デイビス 森山尚美 訳
なぜマッカーサーの民主化政策はひっくり返ったのか!? 戦後史の闇が今明かされる!!
980円 G 86-1

*裏ビジネス 闇の錬金術 鈴木晃
表経済がボロボロでも、裏経済は大繁盛! 闇商売の「儲けのカラクリ」を一挙に公開!!
680円 G 87-1

変な人が書いた成功法則 斎藤一人
日本一の大金持ちが極めた努力しない成功法。これに従えば幸せが雪崩のようにやってくる
600円 G 88-1

*印は書き下ろし・オリジナル作品

表示価格はすべて本体価格(税別)です。本体価格は変更することがあります